INCONTRI ESSENZIALI PER GLI UOMINI

Strategie da maschio alfa, abilità sociali per creare una relazione, consigli per gli incontri online e attrarre senza sforzo più donne

Accademia dell'Amore

© Copyright

Tutti i diritti riservati

Le informazioni qui contenute sono fornite esclusivamente a scopo educativo e sono universali. La presentazione dei dati è senza accordo contrattuale o qualsiasi tipo di assicurazione di garanzia.

Tutti i marchi all'interno di questo libro sono solo a scopo di chiarimento e sono posseduti dai proprietari stessi, non alleati con questo documento.

Disclaimer

Tutta l'erudizione fornita in questo libro è specificata solo per scopi educativi e accademici. L'autore non è in alcun modo responsabile dei risultati che emergono dall'utilizzo di questo libro. Sono stati fatti sforzi costruttivi per rendere le informazioni precise ed efficaci; tuttavia, l'autore non deve essere ritenuto responsabile dell'accuratezza o dell'uso/abuso di queste informazioni.

Prefazione

Vorrei ringraziarti per aver fatto il primo passo di fidarti di me e aver deciso di acquistare/leggere questo libro che trasforma la vita. Grazie per aver investito il tuo tempo e le tue risorse su questo prodotto.

Posso assicurarvi dei risultati precisi se seguirete diligentemente il programma specifico che metto a nudo nel manuale informativo che state controllando. Ha trasformato delle vite, e credo fermamente che cambierà anche la vostra vita.

Tutte le informazioni che ho fornito in questo pezzo Do It Yourself sono facili da assorbire e praticare.

Tabella dei contenuti

INTRODUZIONE

Prima di tutto, grazie per aver fatto uno sforzo per ottenere questo libro. Questo libro è un concentrato di tutto ciò che ho scoperto e usato per avere successo. Non solo, ma le informazioni condivise nel libro sono una selezione di cose pratiche che sono state usate per allenare altri uomini a diventare molto produttivi con gli appuntamenti.

Mentre intraprendi il tuo viaggio verso l'auto-miglioramento come uomo, supponi che la conoscenza che ottieni da questo libro funzioni fino a prova contraria.

Questo libro lo mette sulla linea per te riguardo a ciò che le donne trovano attraente in un uomo e ti mostra passo dopo passo come puoi non solo agire in modi attraenti ma anche diventare un uomo attraente. E quando diventerai un bell'uomo, raggiungerai i tuoi sogni semplicemente essendo te stesso.

Una nota personale per quelli di voi che potrebbero pensare: "Sì, sembra fantastico, ma io sono quello che sono, e questo non cambia". Stronzate. Il cambiamento è nella vostra mente. Come vi immaginate, così sarete. Il novanta per cento dell'avere successo pensa che tu possa avere successo. Stiamo parlando dell'immagine psicologica qui, che è una strategia che quasi tutti gli atleti leader usano. Si immaginano di raggiungere il successo.

Pensate a questo per un momento: facciamo finta che avete appena vinto al gioco della lotteria, che avete vinto alla grande.

Avete un milione di dollari. Se stasera dovessi entrare in un locale, credi che cammineresti con più sicurezza? Ti proietteresti con più autorità? Certo, lo faresti! Le ragazze spesso capiscono quando un uomo ha qualcosa, che sia denaro, potere o altro, solo dal modo in cui si gestisce.

E ti mostrerò non solo come gestire te stesso, ma come essere veramente più sicuro di te, in modo che il tuo modo di camminare e parlare quasi urli al mondo: "Ehi, io sono sicuro di me!

Le donne si sono in qualche modo evolute per essere istintivamente e intensamente attratte da maschi alfa forti e dominanti - non da femminucce, deboli "bravi ragazzi".

Sfortunatamente, pochissimi uomini nascono come maschi alfa naturali. La maggior parte dei maschi alfa là fuori sono fatti da soli, imparando a sviluppare dentro di sé i tratti fondamentali che rendono i maschi alfa gli uomini sorprendenti, efficaci e positivamente intimidatori che sono.

Lo scopo principale di questo libro è quello di fornirti gli strumenti di cui hai bisogno e le qualità che devi sviluppare per diventare un maschio alfa che ha un successo fantastico nel gioco degli appuntamenti. Tuffati subito, inizia e trova i tratti cruciali di cui hai bisogno per diventare un maschio alfa.

CAPITOLO UNO

Primo appuntamento

Dove la porto al primo appuntamento e cosa posso fare per fare un'ottima impressione?

Il primo appuntamento è speciale ed è qualcosa su cui molte donne rimuginano e riflettono, perché molte donne si divertono molto in questo momento di essere corteggiate e di ricevere attenzioni romantiche. Questo è il motivo per cui gli uomini potrebbero sentirsi sotto pressione per ottenerlo. Cercare di farlo bene può essere una battaglia per alcuni ragazzi con bassa autostima, specialmente tentando di considerare un posto unico per portarla o cosa pianificare. Molti suggeriranno un pasto sontuoso, che può funzionare abbastanza bene in quanto fornisce un focus. Il cibo può dare un argomento di conversazione, in particolare se la donna prova piacere nel cucinare, mangiare o cuocere fuori. Uscire per un pasto comporta lunghe conversazioni, e alcuni ragazzi con bassa autostima possono avere un momento difficile con questo e possono preferire semplicemente incontrarsi per un drink veloce o un caffè.

Se continuare a chiacchierare è difficile o preoccupante, allora un'ottima opzione può essere quella di andare al cinema o ad ascoltare una band o un'orchestra, perché questo limiterà la comunicazione e offrirà un interesse comune da discutere nell'intervallo o quando il programma è finito.

Se, però, la coppia si è incontrata attraverso un sito di incontri e non si è vista prima, potrebbe essere molto meglio mantenere l'incontro veloce, se questo è il caso forse incontrarsi per un paio di drink o un caffè sarebbe più sicuro e permettere la possibilità di fare una ritirata avventata.

Avere un interesse condiviso funziona bene nelle relazioni ed è un modo fantastico per le coppie di incontrarsi. Ho lavorato con alcuni uomini che scoprono alcuni toni di voce o accenti, particolarmente irritanti. Se questo fosse il caso, allora non avrebbe senso perseguire una relazione con l'individuo. Detto questo, per alcuni uomini parlare al telefono non è sempre un'opzione semplice, e ho lavorato con alcuni uomini che hanno una vera preoccupazione di usare il telefono e trovano difficile suonare sicuri e articolati.

Se un maschio si presenta ad un appuntamento con un aspetto trascurato, con l'alito cattivo o l'odore del corpo, non è probabile che la vedrà per un secondo appuntamento se questo è il meglio che può fare per impressionarla. Dare tempo e fattori da considerare all'aspetto e alla salute è essenziale. È anche un'ottima idea non consumare nulla prima del tempo che possa duplicarsi e far sì che la signora sia sommersa da rutti offensivi. L'alitosi è un'esclusione significativa per un sacco di individui, e le donne sembrano godere di buoni odori, quindi se un maschio usa il dopobarba o il deodorante, può andare molto lontano.

Qualunque cosa la coppia decida di fare al primo appuntamento, l'uomo deve ricordare che molte donne si dilettano con un po' d'amore. Possono essere le cose basilari che l'uomo fa che offriranno alla donna una duratura e grande impressione del loro appuntamento e andranno lontano nel farla sentire sia femminile che speciale. L'uomo potrebbe fare uno sforzo per aprire la porta alla signora, portarle dei fiori, complimentarsi con il suo aspetto; potrebbe essere lui ad andare al bar per le bevande o semplicemente passeggiare all'esterno del marciapiede. Alla fine della serata, potrebbe provvedere ad accompagnarla alla macchina, alla fermata dell'autobus o a casa. Se sta tornando a casa, prova a mandare un messaggio per garantire che sia arrivata a casa in modo sicuro. Tutto questo sarà notato e ricordato da lei. Questi piccoli gesti possono fare molta differenza su come la donna si sentirà, sia su se stessa che sul suo appuntamento.

I peggiori errori del primo appuntamento che fanno i ragazzi

Quando si sta impostando per uscire con qualcuno, è necessario evitare di fare errori. Con il sito web dell'era moderna, avrai la possibilità di vedere quali sono i peggiori errori di primo appuntamento che la gente fa e come evitarli. Anche se potresti cercare online i peggiori errori del primo appuntamento che la gente fa, troverai che numerose donne affermeranno la realtà che gli uomini fanno ancora errori. Ci sono un paio di cose che puoi fare per assicurarti di non essere da nessuna parte vicino alle aree problematiche se vuoi evitare di fare errori. Con questo in mente, i seguenti suggerimenti saranno utilizzati in quasi tutte le circostanze.

- Programma in ritardo

La prima cosa che devi consigliare a te stesso è semplice: sii puntuale. In verità, non limitarti ad essere puntuale, sii in anticipo. Tra i peggiori errori del primo appuntamento che la gente fa, il tempo è tutto. Non essere in ritardo, e cerca il posto prima dell'appuntamento. Infatti, vai nel luogo dove incontrerai il tuo appuntamento e cammina, guarda alcuni segnali, e vedi cosa anticipare. Se lo fai, sarai in grado di eliminare un po' del nervosismo che di solito accompagna i primi appuntamenti.

- Concentrarsi solo su di lei

Non dovresti navigare davanti a lei. Guarda i suoi occhi e lascia che lei sia il tuo mondo. Non cercare in nessun caso altre donne, anche se ci sono bellissime ragazze in giro. Devi rimanere concentrato. Devi flirtare con lei, parlare con lei, ascoltare e prendere nota delle parole che escono dalla sua bocca. Non tentare di alterare gli argomenti, cerca di rimanere all'interno del suo punto di vista, e fai tutto il necessario per evitare i peggiori errori del primo appuntamento che la gente fa. Se non riesci a fare questo, allora non sei pronto per un appuntamento importante.

- Fagliela pagare

Il più grande problema che molte donne hanno ai primi appuntamenti è che il loro partner non paga le cose. Dovresti essere pronto a pagare per le cose. Piuttosto, devi pagare tu per la sua cena, il caffè o gli aspetti più semplici. Farla pagare è il concetto sbagliato. Invece, concentrati sulla spesa per la data.

Non passate il primo appuntamento a discutere dei vostri interessi particolari.

Di cosa dovrei parlare al primo appuntamento?

Di cosa parlare al primo appuntamento è tipicamente una preoccupazione significativa per molti uomini. Le chiacchiere e la sindrome di Asperger non vanno bene insieme, e per qualcuno con AS iniziare e mantenere una chiacchierata sociale irrilevante è quasi impossibile. Richiede un sacco di idee e di sforzi da parte loro.

La maggior parte delle donne desidera sentire che il ragazzo è interessato a loro ed è contento del suo aspetto. Si aspettano che lui sia in grado di farle sentire bene, e un modo eccellente per iniziare è usare un complimento su come lei appare. Il ragazzo può complimentarsi con i suoi capelli, il suo sorriso, il suo profumo o quello che indossa. Avere un paio di complimenti provati può essere utile e certamente aiutare a rompere il ghiaccio al primo incontro. Fai attenzione a fare commenti troppo personali o sessuali in questa fase iniziale della frequentazione perché questo potrebbe essere tradotto come pensieri sessuali, che per alcuni si sentiranno troppo avanti o minacciosi. Far notare che lei ha delle tette generose o un sedere voluttuoso non è probabile che sia ben accolta in questa fase.

C'è una regola generale di argomenti da evitare in questa fase iniziale del corteggiamento, a meno che non si capisca che entrambi gli individui condividono la stessa opinione l'uno dell'altro. Questi sono:

- Politica
- Religione
- Moralità
- Sesso
- Come disciplinare i bambini
- Autisti donne
- Il suo aspetto, il suo peso o il suo senso dell'abito (a meno che non sia complementare).
- Terzo Mondo.
- Pena capitale.
- Salute mentale.
- Salute fisica.
- Il suo interesse unico (a meno che non sia condiviso o che lei esprima un interesse per esso).
- Se il suo ex

Alla fine della serata, è sempre gratificante tentare di completare con una nota di benvenuto, che può essere rapidamente raggiunta da lui dichiarando quanto ha preso piacere nella notte, la conversazione e gli affari. Se l'uomo ha scelto, vuole rivedere la donna, allora può dichiararlo. È meglio non anticipare che la donna vorrà organizzare con lui lì per lì. È semplicemente un modo per farle sapere che lui è felice di vederla ancora una volta. Tuttavia, vuole lasciare che lei lo chiami quando è libera. Facendo questo, lei non si sentirà sotto pressione e apprezzerà che lui le offra del tempo per pensarci. Lei potrebbe anche voler organizzare un altro appuntamento lì per lì, il che sarebbe fantastico; tuttavia, se lei non lo fa e non si mette in contatto, allora l'uomo deve lasciarlo lì e non assillarla con messaggi e chiamate.

Come faccio a sapere quando o se andare oltre?

Nella mia ricerca, ho chiesto alle donne di spiegare cosa le attraeva nei loro partner, e i dettagli che sono tornati hanno generalmente condiviso lo stesso filo conduttore. Molte hanno specificato che sentivano che l'uomo con cui si accontentavano era un gentiluomo completo; lo spiegavano come dolce, gentile, pacifico, ben educato, attento e con altre qualità favorevoli, tutte riconosciute fin dal loro primo incontro. Le donne erano molto prese dagli uomini che le apprezzavano e che non facevano pressione per essere fisicamente intimi.

Quindi come può un ragazzo imparare ciò che lei desidera? Un metodo per controllare se lei vuole più di una relazione platonica con lui è che lui la tocchi in un modo che sia amichevole e non sessuale e veda come lei reagisce. Per esempio, se sono usciti per un pasto e le mani di lei sono sul tavolo, lui può tentare di appoggiare la sua mano sulla sua e vedere se lei avvicina la mano o se la allontana rapidamente. Poi il maschio può prendere delicatamente la mano di lei e tenerla nella sua se lei non si allontana. Quando camminano insieme, il ragazzo potrebbe usare il suo braccio per collegare o chiedere se può tenerle la mano. Chiedere l'autorizzazione è sempre il metodo più sicuro, ma per alcuni uomini, la loro preoccupazione di rifiuto è così intensa che scoprono di non poter fare la domanda. E se la donna dice di no? Se questo è il caso, potrebbe sentirsi molto più sicuro di usare l'invio di messaggi o e-mail per chiedere se lei vorrebbe di più dalla relazione o no.

Gli sms o le e-mail sono stati un salvavita per alcuni uomini, e l'uso di questa forma di comunicazione li ha fatti sentire molto più sicuri. Un momento ideale per mandare un messaggio è in genere dopo un appuntamento, dicendo qualcosa come:

Ciao Mary. Eri assolutamente bella stasera; è stato difficile per me non baciarti! Con amore John x'.

Una volta che questo è stato inviato, lui dovrà aspettare di vedere cosa lei manderà in risposta. La femmina potrebbe mandare un messaggio, affermando che non è preparata per questo o non si sente in quel modo. Se lo fa, allora è significativo che lui aveva scoperto prima di aver provato a prenderla ancora di più e si è trovato in uno scenario scomodo e impegnativo. Oppure potrebbe semplicemente dire: Grazie, John. Sì, vorrei che tu mi avessi baciato! '.

Come posso sapere quando o se prenderlo ancora di più?

Se è quest'ultimo, allora ha la sua risposta, e la prossima volta che la coppia si incontra, potrebbe voler provare un leggero bacio alla fine dell'appuntamento.

Potreste aver scoperto che ho usato la dicitura 'bacio gentile' come i baci di una persona sono essenziali per la maggior parte delle donne e anche spesso visti come indicanti che tipo di appassionato sarà il ragazzo. Il primo bacio è qualcosa che la signora ricorderà e rigiocherà nella sua mente. Si tratta di un trasferimento essenziale, ed è un'altra parte della datazione che il ragazzo deve cercare di ottenere il giusto; può essere praticamente visto come il crocevia che porterà la datazione in una relazione intima o la finirà morta nelle sue tracce.

Il bacio dovrebbe essere rispettoso e romantico; deve essere morbido, gentile e concentrato. Per alcune donne, non c'è assolutamente niente di peggio che essere baciate in un modo che potrebbe lasciarle con la sensazione che la loro bocca sia stata potentemente violentata! Non c'è assolutamente niente di peggio che essere baciate da qualcuno che è invadente con la sua lingua o che copre la bocca della donna con la sua saliva. Questi sono significativi turn-off e segnalano alla femmina che se questo è il modo in cui il maschio bacia, allora questo è il modo in cui la tratterà a letto.

Un'altra regola è che l'uomo non traduca un bacio come una libera licenza per iniziare a toccare il seno, il sedere o la vagina della signora. L'uomo può accarezzare i luoghi non erotici del suo corpo come la schiena, le braccia o i capelli, ma questo dovrebbe essere il massimo che lui può fare in questa fase, a meno che lei non lo renda estremamente ovvio offrendo un chiaro segno fisico o verbale che vorrebbe di più da lui, per esempio, se lei tocca il pene del ragazzo o gli chiede verbalmente di toccarla. Anche in quel caso, varrebbe comunque la pena che lui verificasse la cosa facendole la domanda.

Dopo il bacio, la farebbe sentire benissimo se lui le facesse dei complimenti, ad esempio informandola che ha voluto baciarla, considerando che l'ha incontrata per la prima volta o che è bellissima. Sono le piccole cose che lui fa che lei terrà a mente in questa fase. Il fatto che lui le mostri il suo riguardo mentre le fa capire che la trova una donna molto desiderabile farà parte del viaggio verso la fase successiva, quella sessuale.

Ancora una volta, i segnali che una donna emette che è attratta da un uomo possono essere molto sottili e non facili da leggere; il fattore di questo è che la donna non vuole nemmeno sbagliare. Molte donne continuano a credere che sia l'uomo ad iniziare o a fare il primo riposizionamento e spesso credono anche che lui abbia letto i suoi segnali non verbali che è giusto fare un riposizionamento, come tenerle la mano o baciarla.

CAPITOLO DUE

Regole per gli appuntamenti per gli uomini

Il posto migliore per incontrare un potenziale partner?

Il compito di trovare un potenziale partner può sembrare schiacciante per il ragazzo con bassa autostima. Coprire ogni possibile via sarebbe difficile, dato che le relazioni possono nascere dalle situazioni e dagli incontri più improbabili. Ho selezionato i luoghi più probabili e i più accessibili. Ognuno avrà una scelta, e ciò che corrisponde a una persona potrebbe non essere adatto a un'altra - starà al lettore scegliere ciò che potrebbe funzionare meglio per lui. Quattro dei luoghi più comuni sono evidenziati insieme ai loro vantaggi e svantaggi.

Il club notturno

Questo modo di incontrare ragazze è raramente efficace per alcuni uomini. La maggior parte troverà i night club traumatici a causa della possibilità di sovraccarico sensoriale, innescato dalla musica ad alto volume, dalle luci lampeggianti, dai bar affollati e dalle piste da ballo, che tendono a formare una grande parte della scena dei night club. Di fronte alla distrazione di così tanto suono di sottofondo, il sovraccarico sensoriale può sentirsi estremamente opprimente, e alcuni uomini hanno effettivamente riferito di avere difficoltà a sostenere una discussione. Se il ragazzo vuole interagire con una donna con cui sta cercando di sviluppare una connessione, questo può sentirsi abbastanza difficile.

Tuttavia, d'altra parte, alcuni uomini possono trovare tale posizione come un bonus in quanto possono usare il forte rumore come una ragione per evitare piccole chiacchiere e lunghe discussioni. Questo allevia la pressione di dover considerare cosa dire, e possono semplicemente godersi il ballo.

Per la maggior parte degli uomini, tuttavia, c'è una propensione ad evitare i night club, e questo potrebbe essere dovuto ad una storia di delusioni. Ci sono stati resoconti di uomini che sono stati incastrati dalle donne per far ingelosire le loro partner, o che sono stati semplicemente usati per comprare da bere. Si raccomanda che se il club è una scelta da prendere in considerazione, si dovrebbe andare lì con un gruppo o con un buon amico su cui si può contare per suggerimenti o per individuare i segnali di pericolo. Purtroppo questo non è spesso possibile per alcuni uomini, e possono finire per sentirsi sia sopraffatti che confusi dall'intera esperienza.

Se una donna si avvicina a un uomo in un club, lui deve chiedersi: perché? Deve assicurarsi che lei non sia con un altro uomo e che stia semplicemente cercando di rendere quell'uomo generoso. Se non è sicuro, deve chiederle se è con il suo compagno. Se lei chiede da bere nelle primissime frasi, sarebbe ragionevole essere cauti perché è probabile che lei lo stia usando solo per avere da bere gratis. Tuttavia, chiederle se vuole un drink, farle un complimento, o ballare nelle sue vicinanze può essere un modo per approcciare una donna in un club. Se la signora rifiuta il drink, ignora il complimento, o si allontana dal suo spazio sulla pista da ballo, questo implica che non è interessata, e lui non dovrebbe proseguire.

Se lui è ancora con la donna alla fine della notte, allora potrebbe suggerire che vuole vederla ancora una volta o chiedere se lei vorrebbe scambiare i numeri di cellulare per corrispondere. Poi deve augurarle buona fortuna e tornare a casa se lei dice che preferisce lasciar perdere per ora. Ma se lei dice che sarebbe bello vederlo ancora una volta o acconsente che lui le dia un passaggio a casa, lui non deve presumere che questo significhi che lei desidera il sesso. A meno che lei non lo dica chiaramente e gli chieda se desidera fare sesso con lei, l'uomo non deve mai presumere che il sesso sia in programma. Tieni spesso presente che come l'alcol può promuovere un compiacimento scorretto, può anche innescare un'assenza di controllo. L'uomo non deve mettersi in pericolo o diventare un pericolo per gli altri.

Pro:

- È molto probabile che fornisca l'opportunità di un'avventura di una notte, se è quello che stai cercando.
- Se ti piace ballare), - Si arriva a ballare
- È molto più facile perdersi nella folla.
- Non ci si aspetta che parliate molto.
- Ci sarà l'opportunità di incontrare donne di diversa provenienza, cultura ed età.

Contro:

- Non è perfetto per trovare un partner significativo o duraturo.
- Può causare un sovraccarico sensoriale.
- Troppo alcol può innescare un compiacimento sbagliato e una perdita di controllo.
- C'è il rischio che qualcuno reagisca violentemente.

- C'è il rischio di essere usati per acquistare droghe, bevande o sigarette.
- Può essere limitato a un'età più giovane.

Posto di lavoro

Una gran parte delle coppie si incontra in un ambiente di lavoro. Tuttavia, bisogna sapere quali sono le regole dell'azienda, perché alcuni posti di lavoro non sopportano le relazioni all'interno della forza lavoro. Trascurare questo potrebbe comportare che una o entrambe le coppie debbano lasciare il loro posto di lavoro, e per molte persone, questo sarebbe sia stressante che fastidioso. La ripercussione di questo è molto probabile che abbia un effetto negativo sulla relazione che è stata sviluppata di recente.

Supponendo che l'azienda non proibisca le relazioni tra il personale, l'ufficio può essere un modo per incontrare un potenziale partner. Ovviamente, il tipo di lavoro che una persona fa farà la differenza, dato che alcuni lavori possono essere a conduzione maschile, come l'ingegneria o l'informatica. Se, d'altra parte, l'ambiente di lavoro offre un clima combinato e c'è una signora da cui l'uomo è attratto, allora il posto di lavoro può offrire un'opportunità perfetta per conoscere meglio qualcuno. Fornirà ad entrambi l'opportunità di conoscersi gradualmente e di sviluppare una connessione prima di intraprendere la possibilità di una relazione. Tutto questo sembra estremamente semplice; la preoccupazione è che alcuni uomini non possono sapere se una donna è, di fatto, attratta da loro, o se si sta semplicemente godendo la loro relazione e non vuole altro.

L'inizio di una relazione di lavoro è, in alcuni casi, lasciato a riunioni come la festa di Natale, in quanto questo può ottenere due cose: (1) il ragazzo può vedere se lei ha un partner, il che scarterebbe la possibilità di andare oltre, e (2) se lei è sola, può vedere se lei cerca la sua compagnia. Se la festa di Natale non è un'alternativa e se lei non sta usando un anello di matrimonio o di fidanzamento, allora l'uomo dovrà fare una piccola indagine per scoprire se lei è prontamente disponibile. Questo potrebbe essere ottenuto chiedendo a qualcuno che la conosce se ha un partner e anche chiedendoglielo direttamente.

Questo richiede tatto, e il maschio dovrebbe procedere con cautela per evitare di intromettersi nel suo livello di sensibilità o di rendersi suscettibile di essere rifiutato. Un modo per procedere potrebbe essere quello di sapere se qualche nuovo ristorante ha aperto nelle vicinanze e poi menzionarlo e chiederle se ci è stata o se ha sentito qualche relazione al riguardo. Se ha un partner, questo le darà la possibilità di farlo sapere all'uomo, dicendo che ci è andata con il suo ragazzo o che ha intenzione di sceglierlo. La maggior parte delle donne sarà onesta e farà in modo che un potenziale inseguitore veda se sono con qualcuno, anche se questo potrebbe non essere sempre il caso. Se l'uomo è su Facebook, potrebbe chiederle se ha un account Facebook e, in caso affermativo, potrebbe chiedere di aggiungerla come amica su Facebook - questo probabilmente lo informerà del suo stato di relazione.

Se un uomo ha trovato una donna nel suo ambiente di lavoro da cui è attratto, dovrà essere cauto su come si avvicina alla possibilità di un appuntamento con lei. Se lei lo informa che è con qualcuno o ignora i suoi sforzi per avviare una conversazione, allora dovrebbe ritirarsi. In caso contrario, potrebbe ritrovarsi bersaglio di scherno o, peggio ancora, essere denunciato per molestie.

Detto questo, le relazioni basate sul lavoro sono spesso efficaci, e le coppie si sono incontrate in questo modo. Se la relazione non ha successo, l'ambiente di lavoro può finire per essere una fonte di tensione o disagio, rendendo difficile per uno o entrambi continuare a lavorare lì. Se l'uomo si trova ad essere il bersaglio di pettegolezzi distruttivi, questo può essere peggiorato. Tutto quello che può fare è fare buon viso a cattivo gioco, ignorare le chiacchiere e capire che queste cose passano in fretta, purché non reagisca.

Pro

- Potrebbe esserci un tipico denominatore tra di voi.

- Potrebbe esserci il tempo per costruire una relazione.

- Se lei è già in una relazione, - potrebbe esserci la possibilità di fare il check out.

- Gli eventi sociali sul lavoro sono un buon momento per incontrare qualcuno.

- Le relazioni che si formano facendo questo sono tipicamente di successo.

Contro:

- Le relazioni potrebbero essere limitate come parte della politica aziendale.

- Può essere difficile determinare se la femmina ha un partner.

- Può essere difficile essere sicuri se il suo interesse è romantico o semplicemente platonico.

Il lavoro di scoprire una potenziale partner può apparire frustrante per il maschio con AS, e tipicamente mi viene chiesto il modo migliore per raggiungere questo obiettivo. Se una donna si avvicina ad un uomo in un club, lui deve chiedersi: perché? Deve assicurarsi che lei non sia con un altro uomo e che stia semplicemente tentando di fare invidia a quell'uomo. A meno che lei non lo dica chiaramente e gli chieda se desidera fare sesso con lei, il maschio non deve mai e poi mai presumere che il sesso sia in programma. Se l'uomo è su Facebook, potrebbe anche chiederle se ha un account di Facebook e, se è così, potrebbe chiedere di includerla nella sua lista di amici.

L'uomo potrebbe finire per essere loquace se sbaglia o rivela informazioni eccessive. Ma se la relazione finisce, allora può rendere l'ambiente di lavoro stressante.

Gruppi sociali o di interesse unico

Una ricerca su internet potrebbe indicare che c'è un gruppo sociale per adulti single nelle vicinanze. I gruppi sociali sono gestiti da un particolare gruppo di individui che interagiscono, mettendo insieme un programma di attività per agganciare nuovi amici attraverso la piattaforma sociale. I membri del gruppo scelgono poi a quali occasioni vorrebbero andare o partecipare.

Il costo dell'iscrizione a questi gruppi può variare, e questo richiederà di essere controllato accuratamente. Inoltre, anche la varietà di età del gruppo dovrà essere esaminata, poiché alcuni gruppi possono essere per adulti più giovani, tra i venti e i trent'anni, mentre altri saranno per età più avanzate.

I gruppi sociali possono essere un modo fantastico per avere familiarità con gli altri senza la pressione di dover cercare di formare una relazione. Molti non saranno in una relazione e saranno solo alla ricerca di affari e amici con cui uscire, quindi assicuratevi del tipo di gruppo sociale a cui vi state unendo.

Numerose piattaforme offrono un'ampia varietà di attività e interessi da selezionare, come passeggiare, ballare, cenare, teatro e weekend fuori porta. Danno al membro la scelta di impegnarsi quanto vuole e di ripresentarsi a suo piacimento.

Come gruppi sociali, ci sono anche gruppi di interesse come i Ramblers (www.ramblers.org.uk), gruppi di passeggiate in collina, gruppi di fotografia e numerosi altri. Questi gruppi di interesse specifico possono essere perfetti per un uomo se ha un interesse particolare, perché avrà la possibilità di condividerlo con gli altri insieme al lato sociale del gruppo. Un notevole vantaggio di incontrare qualcuno in un gruppo di interesse è che sarà qualcuno che condivide lo stesso interesse, e questo darà ad entrambi un eccellente punto di partenza per sviluppare una relazione.

Pro

- Indicherà che c'è qualcuno che vi soddisfa.
- Non c'è pressione per avere una relazione.
- Avrete la possibilità di capire qualcuno inizialmente.
- Ci sono molti luoghi e attività diverse.
- Puoi scoprire qualcuno che condivide i tuoi interessi.

Contro

- Non si può procedere con tutti i membri del gruppo.
- Alcuni gruppi sono costosi a pagamento o si iscrivono per partecipare alle attività.
- Far parte di un gruppo potrebbe essere uno sforzo e abbastanza faticoso per te.

Siti di incontri

Internet dating per numerosi ragazzi potrebbe sembrare una scelta ideale in quanto offre la possibilità di selezionare una donna in anticipo che scoprono attraente dalla sua foto e che sembra condividere i loro interessi.

Essere in grado di organizzare il primo incontro è un altro bonus significativo nell'utilizzo di siti di incontri, e ho capito che alcuni ragazzi vanno a lunghezze eccellenti per cercare di ottenere questo diritto. Permettetemi di condividere la storia di un uomo che fissa una cena dove aveva stabilito di incontrare la sua data la sera seguente. Ha scoperto un buon posto per parcheggiare la sua automobile e ha controllato quale cambiamento potrebbe richiedere per il parchimetro, e ha cronometrato la lunghezza del tempo che gli ci è voluto per arrivare in auto e poi a piedi allo stabilimento di ristorazione.

Scelse un posto dove farli sedere e scelse la posizione che preferiva per se stesso, che in questo caso era di avere le spalle al muro. Studiò il menu, scelse cosa avrebbe mangiato e quanto sarebbe costato, annotò dove si trova la toilette, e fu sui vini bianchi. Facendo questo, ha ridotto la parte di preoccupazione che ha sofferto da problemi imprevedibili sulla notte. Quando è andato ad avere il suo appuntamento, era più rilassato e si sentiva più positivo di quanto avrebbe fatto. Sono felice di affermare che sono andati a un secondo appuntamento.

Gli incontri sul sito web possono permettere all'uomo di sentirsi più in controllo di quanto lo sarebbe in una situazione casuale; tuttavia, non deve diventare uno stile di vita e un'abitudine. Gli incontri su Internet per alcuni uomini possono diventare un fascino, che può essere il fallimento di una relazione che avrebbe potuto funzionare. In alcuni uomini, la loro capacità di leggere le motivazioni e le agende segrete degli altri è complicata. Questo li rende spesso incapaci di capire se qualcuno è furbo o amichevole. Questa sfida nel controllare le intenzioni degli altri può renderli vulnerabili allo sfruttamento quando escono insieme, specialmente allo sfruttamento finanziario. Questo può renderlo un obiettivo primario per essere tolto dalle spese. Se un ragazzo si scopre a spendere continuamente in una relazione, allora ha bisogno di ritirarsi dall'essere troppo generoso e vedere quale reazione provoca la donna. Se una donna è autentica, allora capirà, scenderà a compromessi e si accorderà.

Ho anche incontrato clienti che hanno parlato di donne su siti di incontri da paesi stranieri che erano molto desiderose di relazioni coniugali. In seguito è emerso che l'intenzione primaria delle donne per la relazione era quella di ottenere una casa o un'auto nuova di zecca. Ovviamente, non c'è altro modo per essere sicuri che le motivazioni di lei siano reali finché non sono insieme come coppia, ma potrebbe essere d'aiuto se la visitasse a casa sua o se la presentasse alla sua famiglia e ai suoi amici per chiedere la loro opinione.

Tuttavia, dopo un po', quando il rapporto diventa più concreto e l'entusiasmo diminuisce, lui potrebbe sentirsi insoddisfatto e decidere che lei è sbagliata per lui, che lo ha ingannato. Potrebbe allora decidere che non ha ancora trovato la donna giusta e ricominciare la ricerca da capo. Ho capito che questo schema continua per diversi anni per alcuni ragazzi fino a quando, alla fine, incontrano quella giusta.

Pro

- C'è la possibilità di selezionare qualcuno che appare ideale.
- C'è accesso a donne di altre culture o nazioni.
- C'è la possibilità di costruire una relazione usando l'e-mail invece di dover fare una conversazione.
- È possibile aver costruito una relazione con la prima conferenza.
- Si può scegliere un luogo e un'ora per la riunione.
- Permette la scelta di ispezionare il luogo prima del tempo.

Contro

- Potresti non ricevere sempre risposte alle tue e-mail.
- Le e-mail potrebbero non portare a un appuntamento.
- Una data potrebbe non presentarsi.

- La persona che incontri potrebbe non essere identica alla sua foto.

- Potresti essere incastrato per un guadagno monetario o altri benefici.

- Se c'è della chimica tra di voi. Finché non incontrerete la persona, non lo capirete.

- Gli incontri su Internet possono diventare una fissazione.

Come faccio a capire se lei è attratta da me?

Non dare mai per scontato che le sue sensazioni siano le stesse delle tue, e che l'attrazione turistica sia reciproca.

Se è il primo incontro e una donna è attratta da un uomo, lo guarderà negli occhi, e allo stesso modo sorriderà solo un sorriso fugace, e dopo, guarderà altrove. Finché lui ricambia il sorriso, lei guarderà di nuovo e sorriderà. Se sono già in comunicazione, l'uomo può scoprire che lei si china con il suo corpo verso di lui e forse fa contatto fisico con lui nella conversazione. Per esempio, potrebbe toccargli affettuosamente il braccio mentre parla. Cosa segnalano questi gesti naturali per un uomo?

Il mondo degli appuntamenti e tutte le complessità che comporta possono sembrare un mal di testa per i ragazzi, in quanto include la capacità di leggere il linguaggio del corpo dell'altra persona, le espressioni facciali e l'articolazione della voce. Queste sono tutte cose che gli uomini troveranno estremamente difficili da fare. Una donna può essere molto attenta ad evitare di apparire troppo entusiasta nelle prime fasi dell'incontro, perché potrebbe temere un rifiuto.

La difficoltà nel leggere i suggerimenti sociali forniti dagli altri causerà un problema per l'uomo nell'ottenere il giusto tempismo nel gioco degli appuntamenti, in quanto non gli verrà naturale. Questo può essere reso più difficile dalla possibilità che ci potrebbe essere attualmente una storia di lui che è stato rifiutato dai suoi coetanei e ha scoperto di capire che a volte può leggere male gli altri individui. Questo da solo potrebbe indebolire significativamente la sua fiducia in se stesso nel capire se sta ottenendo il passo.

L'uomo rimarrà ora nello scenario di aver scoperto una donna che gli piace portata, ma ora non ha idea se le sue sensazioni e i suoi desideri sono ricambiati; inoltre, se lo sono a livello romantico o di relazione. Se la femmina ha vocalizzato i suoi sentimenti, allora questo non sarà un problema, ma questo è altamente improbabile, poiché anche lei può temere il rifiuto o il pericolo di essere implicata di essere troppo avanti.

Determinare se l'attrazione è reciproca può mettere alcuni uomini attraverso un tormento assoluto, a volte influenzando sia la loro salute che il loro stato d'animo

Spesso i problemi possono svilupparsi dal ragazzo che fa la presunzione che se gli piace una signora, allora lei deve sentire lo stesso su di lui, e l'attrazione turistica è condivisa. Questo spesso non è il caso, ed è necessario che questo non sia mai e poi mai presunto, a meno che la femmina non gli abbia definitivamente espresso le sue sensazioni di destinazione. La ragione per cui questa supposizione errata può verificarsi è una mancanza di teoria della mente e non avere la capacità di vedere la circostanza dal punto di vista dell'altro individuo. L'unico quadro mentale di cui l'uomo sarà cosciente saranno le sue sensazioni, e questi sentimenti di attrazione potrebbero essere potenti. La forza delle sue impressioni potrebbe essere esagerata a causa della sua passione per trovare una fidanzata, ed è questo che potrebbe indurlo a presumere che la signora condivida la sua destinazione e si senta tanto quanto lui.

Questa lettura errata può avvenire anche al contrario, e scopro che alcuni clienti possono credere che gli altri stiano pensando male di loro, semplicemente vedendo lo sguardo di un'altra persona o uno sguardo. Perderanno il fatto che una donna sta flirtando con loro o li trova attraenti. La presunzione potrebbe essere sbagliata, ed è per questo che è essenziale verificare cosa prova la signora prima di intraprendere qualsiasi azione. È molto importante non lasciarsi trasportare troppo dai sentimenti di attrazione verso una donna specifica o presumere che lei provi lo stesso, perché potresti essere troppo sfacciato. La donna potrebbe percepire l'uomo come egoista o arrogante, e le sue possibilità di affascinarla andrebbero perse.

Quando una femmina sta dando segnali che è attratta da un ragazzo, manterrà il contatto visivo un paio di secondi più a lungo di quanto avverrebbe di solito. Il contatto visivo può essere robusto per alcuni uomini, e avranno un problema nel fare o mantenere il contatto visivo, specialmente quando sono in comunicazione.

Uno dei motivi è che potrebbero scoprire che è difficile concentrarsi su ciò che loro o l'altro sta dicendo se stanno cercando di mantenere il contatto visivo o leggere il contatto visivo di un altro individuo. Ho scoperto che alcuni fanno di tutto per cercare di migliorare questa abilità andando a corsi di spettacoli neuro-linguistici (PNL), controllando libri sul linguaggio del corpo, o semplicemente osservando soap e film.

Ho annotato alcuni dei segni da cercare che potrebbero mostrare che una femmina è interessata, o no, a seconda dei casi.

Contatto visivo

Interessato

- Ci vuole più tempo del solito per il contatto visivo.
- Si allontana e guarda indietro piuttosto rapidamente.

Non interessato

- Lei può evitare.
- Potrebbe abbassare lo sguardo ma offrire brevi sguardi sfreccianti.

Bocca

Interessato

- Lei sorride; questo può essere minore.
- Ha il broncio.

Non interessato

- Non sorride affatto.
- Vi sorriderà semplicemente in un benvenuto o se dite qualcosa di divertente.
- Farà un sorriso a labbra strette, il che può suggerire che è infastidita o preoccupata.

Distanza

Interessato

- Se si siede vicino a voi o di fronte a voi, si inclinerà verso di voi.
- Vi permetterà di entrare nella sua zona, o entrerà nella vostra e starà in piedi o seduto, preferibilmente vicino a voi.
- Le sue braccia saranno aperte e accoglienti.

Non interessato

- Lei si allontanerà da voi.
- Si assicurerà che non ci sia alcun contatto fisico tra di voi.
- Lei terrà le braccia conserte.

Toccare

Interessato

- Può avere un contatto fisico con te; potrebbe essere una pacca, strofinandoti il braccio, permettendo al suo piede o al suo ginocchio di entrare in contatto con te.
- Potrebbe dare un abbraccio quando si congeda o saluta.

Non interessato

- Si allontanerà da qualsiasi contatto fisico.
- I suoi saluti e addii saranno rapidi e brevi, senza alcuno sforzo per toccarvi.

Movimenti del corpo

Interessato

- Potrebbe continuare a divertirsi con i suoi capelli o a pressarli all'indietro.
- Le sue braccia sono aperte.
- I suoi piedi sono puntati verso di te.
- Mantiene il contatto visivo.

Non interessato

- Le sue braccia sono piegate.
- Lei si allontana.
- Lei guarda oltre te.
- Punta i piedi lontano da te.

Interazione

Interessato

- Chiede preoccupazioni.
- Fa dei complimenti.
- Ridacchia con te (non con te).

Non interessato

- Offre risposte brevi di una sola sillaba.
- Sospira.
- Non ti fa domande.

Questa lista non è sicura, perché non può tenere conto del carattere di una donna; può essere timida e quindi sentirsi nervosa e mostrare un movimento del corpo chiuso. D'altra parte, alcune donne sono dimostrative ed estremamente tattili, e anche se appaiono amichevoli, non stanno affatto flirtando. Bisogna anche considerare se una donna ha bevuto alcolici, poiché questo diminuirà le sue inibizioni, rendendola più propensa a mostrare comportamenti flirtanti o affettuosi indiscriminatamente, se l'uomo può chiedere il punto di vista di qualcun altro questo sarebbe utile. Se questo non è possibile, allora può considerare di informarla in un testo che lei gli piace e scoprirà rapidamente dalla sua risposta se i suoi sentimenti sono ricambiati. Dovrebbe apprezzare questo e non cercare di andare oltre, se la donna si sente allo stesso modo, allora sarà fantastico; se non lo fa.

È improbabile che lei si offenda se capisce che gli piace. Tuttavia, se lui la persegue e non rispetta i suoi sentimenti, lei si offenderà e lui verrà molestato.

CAPITOLO TERZO

Errori di appuntamenti commessi dagli uomini e come evitarli

Alla matura età di 23 anni, un mio amico ha avuto la sua prima ragazza. Anche se era semplicemente uno studente di legge, che riusciva a malapena a tirare avanti, continuò a investire più di migliaia di dollari sulla ragazza in un solo breve vortice di un mese, consumando vini costosi al ristorante e altri regali non necessari. Il mio amico era triste per mesi dopo, per non sottolineare che ha dovuto ottenere un compito part-time per rinnovare il suo conto in banca.

Ci sono stato, l'ho fatto. Ho comprato alle ragazze cene, film, persino un anello da 500 dollari per il quale ho risparmiato al liceo. Una volta portavo abitualmente ad una ragazza una composizione di fiori da 30 dollari al nostro primo appuntamento.

Tutto quello che desideravo dall'affare era di essere scopato. Sembrava un accordo fondamentale: la ragazza avrebbe ottenuto la roba che avevo acquistato per lei, e in cambio, tutto quello che doveva fare era allargare le gambe.

Vi suona familiare? Siete infastiditi quando non scopate come dovreste, dopo tutti i soldi che avete investito?

Bene, ecco le cose essenziali: stai correndo su un falso presupposto. Il denaro investito non è sempre uguale all'apertura delle gambe.

Il problema di elargire denaro a una signora che non ha accettato, le comunica un messaggio negativo.

Capisco che dire "non comprare cose per signore" Gli uomini sono portati a pensare che se c'è qualcosa di valore che desideriamo, abbiamo bisogno di essere pronti a sborsare quello che serve per comprarlo? Beh, quando si tratta di oggetti inanimati che non credono da soli, questo è vero.

Ecco alcuni degli errori.

- Rivelare il tuo denaro

Questo è continuamente un errore tipico che la maggior parte degli uomini fa durante gli appuntamenti. Di solito, agli uomini piace rivelare alle signore che hanno i soldi anche al primo appuntamento. Questo può essere estremamente pericoloso. Una donna responsabile che cerca il ragazzo giusto potrebbe trascurare i tuoi soldi. Per uscire efficacemente come ragazzo, devi essere molto semplice e affascinante. Tieni la donna all'oscuro fino a quando non ti avvicini a lei.

- Essere arrogante

Molti uomini sembrano essere prepotenti quando escono per un appuntamento. Certo, gli uomini possono essere prepotenti perché è innato in loro. C'è sempre la necessità di addolcirsi quando si desidera soddisfare una donna. Devi assecondare una donna e rivelarle quanto ci tieni mentre esci con lei. Non puoi ottenere questo se sei troppo testardo e prepotente.

- Parlare troppo senza ascoltare

Alcuni uomini parlano troppo quando escono per un appuntamento. Per la maggior parte, questi uomini continuano a parlare dei loro successi nella vita. Trovano difficile dare ai loro partner abbastanza spazio per parlare. Quando i loro partner stanno parlando, scoprono anche che è difficile ascoltare. Questo può essere molto pericoloso. Una relazione di coppia è una cosa a doppio senso. Devi offrire all'altro individuo spazio sufficiente per parlare. Quando esci con una ragazza, devi darle la possibilità di modificare le sue opinioni. Quando parla, devi anche ascoltarla.

- Parlare di un ex mentre si sta con il nuovo appuntamento.

Molti uomini fanno questo errore. Continuano a parlare della loro sgradevole esperienza con le loro ex fidanzate mentre incontrano i loro nuovi appuntamenti. Questo può essere spaventoso. Quando esci con una ragazza nuova di zecca, non ha senso parlare della tua ex. Se continui a farlo, puoi rapidamente metterla fuori gioco. Dovresti concentrarti su come mantenere la donna nuova di zecca soddisfatta mentre ti consulti con lei su base regolare.

- Esigere il sesso prematuramente

Anche molti uomini fanno questo errore! Chiedono rapidamente il sesso, anche nelle fasi preliminari della relazione. Devi evitarlo se vuoi veramente divertirti ad uscire con una ragazza. Una donna economica può cadere rapidamente alla tua richiesta di sesso; tuttavia, questo può essere l'inizio di problemi nella relazione.

Evita le abitudini qui sotto, e ti separerai immediatamente dal 95% degli altri uomini là fuori. Questo da solo, quando le donne lo notano, le fa sentire subito più bagnate intorno a te.

1. Vantarsi

" Devi vedere la mia fantastica casa".

" Sto per avere un aumento di circa sei cifre all'anno!" "Ho un cazzo enorme".

Un'alta fiducia in se stessi è attraente per le donne. Pensa bene di te stesso, e una donna penserà bene di te.

Va bene fare una battuta ovvia sul fatto di abbattersi (detto con un tono di voce scherzoso)

Spesso gli uomini commettono i tipici errori di appuntamento. Se sei un ragazzo interessato agli appuntamenti, è necessario che tu capisca meglio gli errori standard e come evitarli.

2. Abbassare gli altri individui

E perché le donne sono creature delicate che simpatizzano con i meno fortunati. Non abbattete le persone che sono vostri concorrenti sessuali, perché anche questo rivela la vostra insicurezza. Invece basta non prenderli in considerazione, perché non sono degni della tua attenzione.

Non fare mai una grande offerta quando acquisti le cose femminili. Dite qualcosa come: "Pago io il caffè. Non è un grosso problema". Quello che le dice è che sei più interessato all'interazione sociale che voi due state avendo, cosa che credi a malapena della bevanda che le hai appena comprato.

Significa anche che non ci sono vincoli. Affermando che "non è un grosso problema", chiarisci che non stai mettendo pressione su di lei per ricambiare ciò che hai fatto per lei.

" Comprarmi delle cose perché lui vuole qualcosa più tardi" è un comportamento che numerose donne pensano che sia manipolativo e che porta a negare il sesso al maschio. E per essere piuttosto onesti, molti uomini cadono proprio in questa trappola facendo una grande produzione per comprare cose carine alla donna. Non essere quel tipo di uomo.

La cosa principale che devi fare è capire perché stai facendo qualcosa.

Non comprate mai cose per una femmina o fate favori per lei perché credete di dover ottenere la sua approvazione. Adottate invece lo stato d'animo del maschio dominante: tutto ciò che le procurate è subordinato al fatto che lei se lo sia guadagnato.

Consigli per avere successo negli incontri online per uomini.

Le donne ricevono un sacco di offerte, ma molte di esse rientrano in una di una varietà selezionata di categorie. Se stai inviando un'e-mail ad una ragazza e questa rientra tra le seguenti classificazioni, molto probabilmente la cancellerà e passerà oltre.

Capisco che questo possa sembrare irragionevole - dopo tutto, hai messo il tempo per comporre per lei, quindi sicuramente lei ti deve la decenza comune di comporre di nuovo?

Di nuovo, non è corretto.

Se una donna è particolarmente attraente, non è raro che riceva 50 o forse 100 e-mail nuove di zecca ogni giorno. Semplicemente non ha il tempo di passare attraverso ognuna di esse e rispondere. Quindi ha bisogno di produrre modi psicologicamente più veloci che separino il grano dalla pula. Scorrerà la sua lista di e-mail, rifiutando la maggior parte senza nemmeno aprirle, fermandosi solo ad aprire quelle che stimolano il suo interesse in qualche modo.

Ecco sei errori tipici che puoi evitare e che ti porteranno in vantaggio sui concorrenti.

1. Non avere un oggetto, o un oggetto scialbo nella tua e-mail iniziale per lei.

Molte persone mettono solo 'ciao' nell'oggetto dell'email. Pensa a cosa succede quando si collega e vede 50 nuove email; tutte mostrate in una lista. Tutto quello che può vedere è il tuo nome utente e l'oggetto della tua e-mail. Se 49 delle e-mail dicono 'ciao' come oggetto, e una e-mail ha un oggetto diverso, quale è probabilmente per catturare la sua attenzione? Quindi pensa a come farti distinguere dalla folla.

2. L'invio di email preliminari apertamente sessuali.

Questo dovrebbe essere un gioco da ragazzi, ma considerando che numerosi ragazzi lo stanno facendo, richiede un riferimento. Se le mandi una prima e-mail apertamente sessuale, lei penserà "pervertito", ti cancellerà e probabilmente ti bloccherà allo stesso tempo. Sì, alle donne piace il sesso tanto quanto agli uomini, compreso il turpiloquio; tuttavia, c'è un luogo e un tempo. Che tipo di reazione ti aspetteresti se ti avvicinassi a lei per strada e iniziassi a sputarle addosso un sacco di sconcezze? Si ottiene la stessa risposta online - a parte il fatto che semplicemente non si arriva a vedere l'azione. Vieni semplicemente cancellato.

3. Inviare una prima email poco interessante.

Molte delle primissime e-mail degli uomini rientrano in questa classificazione. Esempio: 'Ciao, mi chiamo John e ho letto il tuo profilo e mi è piaciuto il tuo aspetto. Vedo che ti piace cucinare e il tennis. Anche a me piace cucinare e il tennis, quindi sento che abbiamo qualcosa in comune. Controlla il mio profilo e componi di nuovo se ti piace quello che vedi".

Ti assicuro che se lei è stata sul sito di incontri per un certo periodo di tempo, ha letto la stessa e-mail 100 volte. È lo stesso problema del numero 1) di questa lista - non ti stai separando dalla massa. Non stai creando una scintilla di eccitazione nel suo cervello che le fa desiderare di premere il pulsante di risposta.

4. Non avere un eccellente set di immagini nel suo profilo.

Di solito lei leggerà la tua prima email e, presumendo che tu abbia creato un certo interesse in lei, aprirà il tuo profilo. Cosa vede che la richiama? Un'unica foto scattata da una telecamera grezza che sembra che tu sia chiuso nella tua camera da letto da qualche parte. Questo dà l'immagine di un ragazzo sociale e divertente che ha un sacco di amici ed è divertente da frequentare? No. Quindi devi uscire con gli amici in numerosi ambienti sociali (non solo nei bar) e farti scattare delle belle foto in cui sembri che ti stai divertendo. Farà la differenza in termini di impressione.

5. Avere un profilo pieno di errori di ortografia o "txt spk.

A meno che tu non abbia 12 anni, "txt spk" non è cool. Quindi componi in frasi complete, almeno dai l'impressione e il tentativo di essere andato a scuola. E non c'è motivo di essere sciatti e avere un profilo pieno di errori di ortografia. In fondo alla sua mente, lei penserà "se fa questo piccolo sforzo sul suo profilo di incontri, quanto sforzo fa nel resto della sua vita? Non è un grande inizio.

6. Avere un profilo noioso.

Paragonabile alla noiosa prima e-mail, il profilo poco interessante è il problema più comune che la maggior parte delle persone ha. Essenzialmente il loro profilo dettaglia una lista di hobby 'Mi piace la pesca, il calcio, la lettura, il tennis, l'arrampicata, il cinema, le notti in casa e le notti fuori. Mandami un'email se ti piace lo stesso". Assolutamente niente di eccitante lì. Devi tentare di dipingere una foto con le tue parole. Falle immaginare la situazione nella sua mente e spiegale nei minimi dettagli. Quando lo leggerà, si immaginerà lì con te, il che è il primo passo verso la sua appartenenza alla tua vita.

Quindi potresti impiegare mezz'ora per migliorare il tuo profilo. E potresti aver bisogno di prendere qualche minuto per leggere il suo profilo in futuro e pensare a un'e-mail intrigante o divertente da inviarle che accenda la sua curiosità abbastanza da pensare 'voglio saperne di più su quest'uomo' e premere il pulsante di risposta.

Fidati di me, il tempo supplementare sarà ben investito quando avrai la tua scelta di fascino mozzafiato desideroso di afferrarti e farti diventare il loro uomo.

Errore 1: usare immagini sbagliate.

Internet ha finito per essere un luogo pieno di truffatori che sviluppano profili di incontri solo per soddisfare le donne e chiedere loro denaro, se non l'hai ancora capito. Questi truffatori generalmente hanno solo un'immagine nel loro profilo; quindi è la norma per la maggior parte delle persone che conoscono gli appuntamenti online credere che i profili con una sola foto non mostrano il vero individuo. Quindi inizia a pubblicare diverse immagini di te stesso, in particolare quelle in cui ti diverti insieme ai tuoi amici per rivelare che hai una vita sociale corretta.

Errore 2: Essere maleducati o cattivi.

Quando lei non risponde subito alla tua e-mail a causa della tua frustrazione, in alcuni casi, si è tentati di inviare ad una signora una brutta e-mail. Tuttavia, devi tenere il tuo umore sotto controllo. Manda semplicemente una mail di follow-up educata se lei non risponde e poi procedi. Devi capire che le donne attraenti ci provano molto online, e ricevono molte e-mail ogni giorno.

Errore 3: Non legge nessun profilo.

Se non l'hai ancora capito, alla maggior parte delle donne non piace ricevere email che sono basilari e non discutono nulla del loro profilo. Anche se all'inizio potrebbe volerci un po' di tempo perché devi passare attraverso i loro profili e poi inviare un sacco di email con commenti relativi ai loro profili, alla fine ne vale la pena.

Errore 4: essere interessati troppo in fretta.

Un sacco di uomini sono portati dalle apparenze, e frequentemente scoprono semplicemente un profilo che scelgono e che gli piace la femmina o sono interessati alla signora attualmente. Questo è probabilmente un grave errore da fare in quanto non si sa nulla della sua vita a tutti, e per voi, tutti capire lei potrebbe aver pubblicato foto fasulle o spinto il suo profilo. Invece, utilizzare siti di incontri online per incontrare signora offline per arrivare a capire di più su di lei.

Errore 5: "Incontri" online.

Anche se non c'è dubbio che i siti di incontri online sono un posto fantastico per soddisfare le donne, sono molto probabilmente uno dei posti peggiori per costruire una relazione. Dovresti cercare di ottenere il suo numero di telefono il prima possibile e organizzare un incontro offline non appena incontri o scopri qualcuno che ti interessa. Non sprecare il tuo tempo con gli appuntamenti online, perché non sai mai se la persona dietro quel profilo è reale o solo per portarti a fare un giro.

CAPITOLO QUATTRO

Sei Mr. Nice Guy?

Cercherò di descrivere precisamente perché una signora non vorrà finire con un signor simpatico.

A meno che non sia totalmente senza alternative, senza speranza e in qualche modo disperata. Allora penso che sia sicuro dire che potrebbe non essere così tanto una donna di qualità dopo tutto, se questo è il caso. In ogni occasione, ecco le ragioni per cui le brave persone sono più rifiutate, scartate e tradite dalle donne che sono nella loro mente ideale:

1. I bravi ragazzi hanno difficoltà a fare la cosa giusta.

Sì, mi avete sentito. I bravi ragazzi hanno molti problemi a fare ciò che è giusto in uno specifico scenario. Invece di fare ciò che è giusto, i bravi ragazzi tendono a decidere per lì percorso molto più facile e scegliere di fare ciò che è bello. Se non puoi fare la cosa migliore, allora questo ti suggerisce di fare delle scelte basate sul tentativo di rendere felici tutti gli altri piuttosto che fare in modo che tu stesso ne goda.

Dal momento che questo vi renderà un avversario per lei e per chiunque altro, una femmina che ha le sue azioni insieme non tollererà questo. Lei ti vedrà come il tipo di uomo che è facilmente guidato dagli altri e che è incapace di prendere le azioni necessarie per fare le cose bene in qualsiasi situazione.

Se sei una brava persona che fa la cosa migliore invece di quella ideale, lei ti vedrà semplicemente come inaffidabile. Si renderà conto che non avrai la capacità di gestire le controversie della vita, che non avrai la capacità di mostrare stabilità individuale.

2. Essere Mr. Nice Guy ti fa sembrare meno autentico.

Come uomo, è essenziale essere il più autentico possibile nelle scelte che fai. È solo una parte dell'essere un ragazzo completamente cresciuto. I grandi uomini tendono ad avere un problema di credibilità, perché dichiareranno "sì" a qualsiasi richiesta che viene loro rivolta.

Anche le brave persone hanno difficoltà a districarsi tra l'enorme quantità di richieste di tempo e di risorse.

In altre parole, le persone gentili permettono un sacco di impegni inutili nella loro vita. Le loro vite sono semplicemente piene di eccessivo "fluff". Si occupano delle preoccupazioni di altre persone, di altri bisogni individuali e dei piani di altri individui. Le grandi persone si mettono in secondo piano rispetto a tutto e a tutti, e questo le rende tipicamente un terreno di smaltimento per gli altri.

Potete essere certi che nessuna femmina vorrà un maschio che è un terreno di scarto per qualcun altro. Se non riesci ad essere reale con te stesso, una femmina avrà semplicemente l'impressione che tu non sarai sincero con lei. Non sarà in grado di sentirsi sicura con te, e quindi la sua capacità di diventare intima con te sarà incredibilmente limitata, se possibile.

3. I bravi ragazzi danno via il loro potere alle donne.

Probabilmente avete permesso alle donne (mamma, sorella, compagna, fidanzata, ecc.) di fare le scelte più critiche della vostra vita, e anche quelle non così essenziali. Probabilmente hai stabilito una sorta di rapporto con le donne in cui hai bisogno di farle godere con te perché tu sia soddisfatto di te stesso. E pensa un po', non vorresti trovarti in questo tipo di situazione.

Perché? Beh, se una donna percepisce che tu offri rapidamente il tuo potere a lei, potrebbe riconoscere che potresti farlo per un'altra donna. Si chiederà cosa la rende così unica in ogni caso.

Quello che lei vuole è un ragazzo che ha il controllo di se stesso e, a volte, anche di lei. Fornire il tuo potere ad una femmina suggerisce solo che le offri l'approvazione per autorizzarti, che le hai dato il piacere di assicurarti che le tue esigenze siano sempre soddisfatte.

Questo è un no-no.

Nessuna donna nella sua mente migliore vuole che un uomo fornisca il suo potere a lei. Si sentirà spinta nella posizione di essere "l'uomo al comando", e non le piacerà. Non le piace. E ancora peggio, odia gli uomini che la fanno sentire così.

Perché i bravi ragazzi non vincono mai con le donne.
Ricordate che nessuna donna sana di mente vorrebbe stare con il signor Nice-Guy? Beh, fortunatamente per il signor Nice-Guy, abbiamo un sacco di donne là fuori che non sono affatto nella loro mente ideale. Poiché può ancora mettere le esigenze degli altri prima delle sue e mantenere una relazione con una signora, questo è fantastico per il nostro amico Mr. Nice-Guy. Tuttavia, che tipo di donna attirerà o forse creerà precisamente?

Ebbene, a causa del modo in cui le brave persone trattano le persone, tendono a portare numerosi tipi di donne che potrebbero predare i loro modi creduloni, ignoranti ed eccessivamente gentili. Ancora peggio, finiscono per creare donne di questo tipo perché finiscono per essere passive nelle loro relazioni. Potrebbero attrarre donne con tutti i tipi di problemi, qualsiasi cosa, dalle donne mentalmente appiccicose alle cacciatrici d'oro. Sareste sorpresi dai tipi di donne che le brave persone attraggono naturalmente senza nemmeno riconoscerlo.

C'è un vecchio cliché che dice che là fuori c'è qualcuno per tutti. Penso che sia abbastanza reale considerando che un uomo gentile e i suoi metodi manipolativi possono scoprire una certa misura di ciò che sente come gioia in una relazione con una femmina altrettanto manipolativa che desidera veramente controllare la relazione o il controllo. Nessun uomo nella sua mente migliore vorrebbe essere in una relazione con una donna danneggiata e manipolatrice.

Non fraintendetemi; capisco che nessuno è perfetto e che tutti avranno i loro problemi in una relazione, tuttavia questo non suggerisce che dovete uscire cercando di trovare il peggiore del gruppo poiché avete la scelta di evitarlo.

Un bravo ragazzo può attrarre una donna molto possessiva che metterà grandi esigenze sul suo tempo e sulle sue risorse. Essendo la persona gentile che è, scoprirà di sopportare le sue alte richieste per mantenerla soddisfatta pensando che sta facendo la cosa giusta quando in realtà, sta semplicemente facendo la cosa migliore. Allo stesso tempo, sta soffrendo dentro, si sta stufando, e internamente è in contrasto con il tentativo di compiacere questa donna e con il tentativo di mantenere se stesso contento e sano di mente.

Questo ragazzo sta soffrendo a causa della sua mancanza di confini individuali. Più trascura le sue abitudini e le accetta come qualcosa che deve affrontare, più soffrirà internamente e comincerà a non amare la donna e a peggiorare se stesso. Nessuna donna può apprezzarlo se lui non riesce a rispettare se stesso. Il grande uomo può scoprire presto che senza rispetto per se stesso, non potrà mai scoprire la vera felicità in una relazione con la sua donna ideale.

In breve, una donna di qualità superiore ama e vuole un ragazzo che abbia un alto senso dell'orgoglio. È una necessità.

L'uomo, che si considera "di alta qualità", ha bisogno di stare con una donna che capisca come rispettare i suoi limiti. Qualsiasi cosa di meno sarà inappagante, insoddisfacente e del tutto insostenibile per lui.

10 cose che dovresti sapere sul "Nice Guy".
Quindi, prima di rivelarti come affrontare l'eliminazione della tua personalità di Mr. Nice-Guy, vediamo esattamente con quante di queste convinzioni e comportamenti da bravo ragazzo stai lottando. Ecco dieci cose che DEVI capire sul Nice Guy:

1. Una persona simpatica crede che se è eccellente, che offre e che si preoccupa, otterrà in cambio gioia, amore e soddisfazione dagli altri. Fa una specie di gioco con se stesso pensando di meritare di essere trattato con un metodo particolare a causa della sua gentilezza.

2. Il bravo ragazzo si offre di fare cose per una signora che conosce appena. Ha un forte desiderio di ottenere l'approvazione delle donne. Questa può essere qualsiasi donna, in particolare quelle che lui scopre attraenti e meritevoli del suo eccesso di gentilezza.

3. Il bravo ragazzo evita le dispute mantenendo le sue opinioni o può anche finire per essere ragionevole con una donna quando in realtà non è d'accordo. Questa persona gentile tende a pensare che per mantenere la pace e conservare l'amore e l'apprezzamento di una donna, deve essere d'accordo con lei a tutti i costi. Se questo gli costa la sua autostima, lo fa anche.

4. Il bravo ragazzo cerca di prendersi cura di tutti i suoi problemi. È attratto dal tentativo di aiutare una donna in ogni modo possibile. Questo è uno dei motivi principali per cui una

persona gentile tende a portare un sacco di donne danneggiate. Il suo desiderio di essere il suo Mr. Fix-It lo rende vulnerabile a cadere in relazioni con donne problematiche.

5. Il bravo ragazzo ha un bisogno irrefrenabile di cercare l'approvazione degli altri. È il tipo di approvazione che cerca, mentre potrebbe sentirsi in colpa per aver detto "no" a qualcuno, o potrebbe finire per essere a disagio con se stesso quando manca di rispetto, anche se è per necessità.

6. La persona gentile cerca di nascondere agli altri i suoi difetti ed errori percepiti. A causa del fatto che vuole l'approvazione di tutti e desidera essere visto nella migliore luce possibile, è pronto a fare di tutto per apparire il più impeccabile possibile. È manipolatore al terzo grado.

7. Il bravo ragazzo è sempre alla ricerca del modo corretto di fare le cose piuttosto che fare semplicemente uno sforzo in qualcosa. Il bravo ragazzo ha paura di smettere di lavorare e, naturalmente, di fare un errore di fronte agli altri. Non vuole pestare i piedi a nessuno. Poiché non vuole far tremare la barca, preferisce non fare nulla se non ha tutte le risposte. Purtroppo, la sua paura del fallimento e delle critiche culmina in un

perfezionismo senza senso e in una continua procrastinazione. Non fa nulla e realizza meno di niente.

8. Il bravo ragazzo tende ad analizzare troppo tutto invece di sentire le cose per se stesso. In alcuni casi, la persona gentile può essere un po' perfezionista, e preferibilmente di andare semplicemente con la circolazione e lasciare che le cose si verifichino, lui 'd piuttosto avere qualsiasi cosa pianificata e rappresentata nel suo universo migliore.

9. Il bravo ragazzo ha difficoltà a rendere i suoi bisogni una preoccupazione. Invece, lui 'd piuttosto fingere che ciò che vuole.

Non è così importante e che è un giocatore di squadra. Oppure crederà che, mettendo in secondo piano le sue esigenze, è un uomo straordinario che tutti dovrebbero tenere sempre presente che è un uomo così eccellente che deve piacere a tutti.

10. Il bravo ragazzo è molto spesso mentalmente dipendente dalla sua donna. È così dipendente dalla sua donna per il suo benessere psicologico che farà di tutto per garantire che i bisogni della sua donna siano soddisfatti prima dei suoi e che abbia sempre la sua approvazione. Perché alla fine, lui pensa che finché lei è contenta, lui è felice.

Perché devi uccidere il bravo ragazzo che hai dentro.

Quando la vita ti pressa, tu tiri indietro o spingi la schiena e la prendi? Ti attardi a credere che le persone dovrebbero trattarti meglio e che le cose dovrebbero sempre andare come vuoi tu, o esci dalla tua zona di comodo ed espandi il tuo cerchio di influenza? Sei abbastanza sicuro di te da uscire e tentare, e a volte smettere di lavorare, per soddisfare le tue esigenze o ti siedi ai margini aspettando che gli avanzi della vita e dell'amore ti vengano dati? Cosa hai fatto di recente per espandere la tua capacità di risolvere i problemi e gestire le controversie?

Ebbene, se una donna percepisce che tu cedi rapidamente il tuo potere a lei, può riconoscere che potresti farlo per un'altra donna. Possono attirare donne con tutti i tipi di problemi, dalle donne mentalmente bisognose alle cacciatrici d'oro.

A seconda di quanto sei onesto e semplice con te stesso mentre affronti queste preoccupazioni, potrebbe essere il momento per te di UCCIDERE il tuo Mr. Nice Guy Non temere; sono qui per assisterti nel processo, dato che ho imparato come uccidere il mio Mr. Sì, vi metterà a disagio, ma è proprio questo il punto. Non preoccupatevi; vi guiderò attraverso il processo.

Come smettere di essere un Mr. Nice Guy.

La cosa che dovresti fare è imparare i tratti di un buon uomo e finire per essere assolutamente consapevole di quando tu o qualche altro ragazzo si sta comportando come tale. Scopri di essere attento al tuo comportamento, perché questo è il primo passo per cambiare il modo inefficace in cui reagisci alle persone, in particolare alle donne.

La seconda azione è quella di diventare onesto con te stesso e analizzarti per vedere quali delle qualità da bravo ragazzo si applicano di più a te. È improbabile che tu sia un completo sprovveduto quando si tratta delle tue relazioni, dato che la maggior parte delle brave persone tende ad essere in diversi punti della scala del bravo ragazzo. Cerca di capire quali abitudini sono quasi automatiche per te e coglierti in flagrante.

Mentre interagite con gli individui, in particolare con le donne, prendete nota di voi stessi e di ciò che affermate e fate per evitare litigi e lotte. Vedi te stesso nell'atto di fare la cosa buona invece di quella ideale e inizia a scegliere consapevolmente il percorso più difficile. Questo ti renderà un ragazzo molto migliore.

Invece di prendere una grande via d'uscita, sfidate voi stessi di proposito. Fai uno sforzo per uscire e soddisfare le tue esigenze.

Tenete a mente di usare il buon senso a questo proposito. Non cercate di essere sgradevoli per il gusto di essere sgradevoli. Se non sei d'accordo, devi avere un punto valido da fare, o se ti stai affermando, allora devi cercare di ottenere le tue esigenze soddisfatte senza violare i diritti e il benessere degli altri. Non vergognatevi di chiedere ciò che desiderate o di avere un'opinione ferma su qualcosa.

Considera sempre l'occasione come una possibilità per sviluppare la tua autostima e affermarti. Se la consideri come una disciplina o una pratica, sarai a tuo agio quando fallirai di tanto in tanto. Ma d'altra parte, ti renderai anche conto che con ogni sforzo consapevole, stai diventando molto più potente come uomo. Tieni sempre presente che la pratica di frustrare gli individui per essere autentici con te stesso e con gli altri rafforzerà i tuoi confini.

E anche se il pensiero di non piacere alle persone potrebbe tentarvi di prendere la strada giusta, tenete presente che il più delle volte, quando vi difendete e agite in modo assertivo nelle vostre relazioni, le persone vi apprezzeranno. A lungo andare otterrete fiducia in voi stessi.

- Smettere di vivere per l'approvazione di una donna.

Se attualmente vivi per l'approvazione di una donna, probabilmente non sei una delle persone più felici in giro. Ogni giorno che passa e che cerchi l'appoggio di una donna, un po' della tua virilità interiore se ne va. Ti ritrovi con una sensazione radicata di impotenza e sofferenza, e sei troppo contrastato nel fare qualcosa al riguardo. O forse, sei solo inconsapevole di quello che sta succedendo dentro di te.

Come uomo, sei stato indicato per essere autosufficiente, indipendente ed estremamente capace di guidare te stesso e la tua famiglia nel miglior modo possibile. Quando vai avanti nella tua vita cercando l'approvazione delle donne, finisci per perdere queste qualità. Finisci per rinunciare ai tuoi diritti di uomo e, per questo motivo, troverai la tua vita in una direzione che non hai mai voluto.

Come smettere di cercare l'approvazione di una donna diventando confortevole con il "NO".

La cosa più preziosa che puoi fare per te stesso in questo momento, come maschio adulto che desidera diventare un ragazzo molto migliore per la donna che vuoi, è questa: Diventa comodo dire alla gente "NO" e sentire "NO" dagli altri.

Sinceramente, se hai seguito semplicemente questo pezzo di suggerimenti, il mio amico è sul tuo metodo per una vita molto più felice e produttiva non solo con le donne ma anche in ogni altra relazione.

No è una parola fantastica. È una cosa fantastica. E sì, so che viviamo in un mondo che promuove il dire sì alla vita e avere una mentalità psicologica favorevole, ma dire no agli altri, a te stesso, e sentire no e diventare comodo con esso ti farà sentire molto più potente e in controllo della tua vita.

Imparare ad essere comodi vi aiuterà a superare il concetto di richiedere l'approvazione di altre persone. È molto probabilmente il metodo più veloce per diventare un uomo più maturo, sicuro di sé, e sicuro di sé. Scoprirete come concentrarvi su soluzioni vincenti nelle vostre relazioni, e la vostra capacità di influenzare gli altri aumenterà esponenzialmente.

Non commettete errori: l'unico modo in cui potete aiutare gli altri è se siete privi della loro approvazione. È impossibile aiutare qualcuno se esigete di piacergli in modo autentico. Non puoi avere entrambi. Quindi scopri di diventare estremamente a tuo agio con le persone a cui NON piaci. Tra i modi migliori per farlo c'è quello di finire per essere tu stesso un no-man.

Perché dirle "NO" la rende felice.

Una donna intellettuale è molto più attratta da un ragazzo che sa quello che è e vuole risolutamente ottenerlo. Ammira e rispetta un uomo che segue le sue convinzioni interiori indipendentemente da ciò che gli altri possono pensare. Quando ha bisogno di sentirselo dire, seguirà volentieri un ragazzo che può informarla di no.

Una signora, comprendendo che a volte può essere una creatura emotiva e irragionevole, desidererà inconsciamente un uomo e un desiderio che possa metterla al suo posto quando arriva il momento. Poiché implica che lei mostri coraggio e stabilità nell'attenersi alle sue convinzioni interiori, è essenziale per la sua sopravvivenza e per quella della sua prole.

Lei capirà che tu apprezzi te stesso prima di tutto e che sei più che disposto a farti valere e a difendere la tua posizione se ti sembra che i tuoi bisogni non siano soddisfatti o che i tuoi limiti siano imposti. Se sai difenderti, lei capirà che puoi difendere anche lei.

Più rispetto per se stessa vede che tu hai per la soddisfazione delle tue esigenze, capirà anche che sarai più che capace di soddisfare le sue. Affinché lei veda questa qualità, devi

RIFIUTARE di essere uno zerbino per gli altri, compresa lei, facendoti valere. Se desideri diventare il tipo di ragazzo che può attrarre e mantenere una donna di alta qualità nella tua vita, la timidezza non ti porterà da nessuna parte. Devi avere il coraggio e le palle di ferro per dire NO.

Il secondo passo è quello di diventare completamente onesto con te stesso e analizzarti per vedere quali delle qualità di persona eccellente si applicano a te il più. Non è probabile che tu sia un totale sprovveduto quando si tratta delle tue relazioni, come molti bravi ragazzi tendono ad essere in vari punti della scala dei bravi ragazzi. Sapere quando dire "No" a NO e "Sì" a SI

Quando scopri una donna che ti interessa, e la stai capendo un po' di più in una relazione di incontri, pensa a dire di no come un modo per qualificarla per un maggiore accesso a più di te.

Non limitarti ad offrirle tutto quello che chiede all'inizio. La parola no deve essere usata per comunicare i tuoi limiti, che permetti agli individui di avere accesso a più di te (il tuo intelletto, il tuo tempo, la tua cerchia sociale, i tuoi sentimenti, e così via) quando li trovi ragionevoli per i tuoi valori e standard.

Quando dire no e quando dire sì, quando si sviluppa una relazione significativa con una donna, è essenziale capire. Si tratta di equilibrio e di capire l'importanza di essere chiari su ciò che si vuole o non si vuole tollerare dagli altri. Per diventare intimo con un altro individuo, è necessario voler scendere a compromessi e mettere a repentaglio.

Tenete sempre presente che queste cose si fanno meglio in una relazione che si basa sulla considerazione e sull'impegno condiviso tra due persone.

Se riesci a mantenere un atteggiamento positivo, a mantenere le tue armi e ad andare avanti, ogni no contribuirà a fare di te un uomo migliore.

CAPITOLO CINQUE

I tre tipi di uomini

Il maschio beta, "Nice Guy".

Quando stavo maturando, mia madre, le mie zie e altre signore più anziane mi dicevano sempre che per avere una ragazza avrei dovuto essere un brav'uomo. Avrei dovuto comprare continuamente fiori ad una ragazza, offrirle regali e portarla fuori a mangiare.

" Wow", ho creduto, "avrò bisogno di un compito veramente grande per avere tutti quei soldi da investire!

Improvvisamente prevalse la consapevolezza che per avere successo con le donne, era necessario imitare uno stronzo piuttosto che una brava persona.

Ho provato questo consiglio e ho scoperto che quando mi comportavo come un idiota, alcune donne reagivano di più con me.

Così ho preso una sfida guardando gli uomini che hanno avuto successo con le donne, quelli che non l'hanno avuto e quelli nel mezzo, e ho scoperto che ci sono tre classi di uomini.

In fondo alla lista ci sono i bravi ragazzi, che costituiscono la maggior parte della popolazione maschile. Il bravo ragazzo è un ragazzo che generalmente implora il sesso. Si presenta alla porta di una donna con dei fiori, la porta in un ristorante costoso e le compra un filet mignon con dell'ottimo vino bianco.

E volete sapere cosa c'è di paradossale qui? Che lo pensiate o no, le donne considerano le persone gentili come manipolatrici.

Per la signora è abbastanza evidente il motivo per cui la grande persona le compra così tante cose. "Vogliono solo qualcosa!" è un mantra comune che le donne duplicano sui bravi ragazzi. Tuttavia, lei pensa che lui possa potenzialmente avere un eccellente potenziale di relazione.

E quando il sesso arriva, è un evento sostanziale, e la donna ne fa un'offerta enorme. Si spera che il ragazzo non abbia un alto desiderio sessuale, perché non sarà in grado di ottenere il sesso ogni volta che lo desidera.

Perché le persone buone non hanno successo? Il problema con il grande uomo è che non solo le donne lo considerano manipolatore, ma lo vedono anche come noioso. L'uomo buono parla di cose sensate come la diplomazia o come funziona un motore di auto e camion. In alcuni casi, si vanta di se stesso e di quanti soldi fa, suggerendo che può comprare cose per la signora. "Che sfigato", pensa lei.

Prendere parte a discussioni razionali e cercare di impressionare una donna con la tua intelligenza e capacità di guadagno è un errore che il 99% degli uomini fa. Poiché interagisce con il bisogno e il basso valore, uccide l'attrazione di una donna per te. Non cercheresti di impressionarla se non stessi cercando la sua approvazione.

La fa uscire dalla sua trance. Quindi astenetevi dal discutere quel breve articolo sulle politiche commerciali cinesi che avete letto su The Economist finché non state socializzando con i vostri amici maschi.

Non c'è bisogno di fingere di essere un tipo di idiota intorno alle donne. Le donne trovano attraente quando una persona è uno specialista in qualcosa. Un ragazzo esperto è automaticamente un maschio alfa. Assicurati semplicemente di ipnotizzarla con la conoscenza che condividi. Non annoiarla.

Le donne vogliono solo divertirsi, come dice la canzone, e il bravo ragazzo noioso non è piacevole.

Il modo più veloce e conveniente per eliminare qualsiasi destinazione che una donna potrebbe iniziare a sentire per te è quello di sentirsi insicuro di te stesso, o di essere bisognoso, o di cercare approvazione. Quando hai la disposizione d'animo di essere disperato per piacere, finisci per venire troppo forte, troppo presto. Diventi appiccicoso. È come se chiedessi l'elemosina.

Il problema di essere il suo "amico".

Hai mai cercato di essere amico di una ragazza orbitandole intorno con il passare dei mesi, sperando che alla fine lei soccomba a te? Molti uomini lo fanno, in particolare quelli più timidi.

Questi uomini finiscono per funzionare come tamponi emotivi per le donne. Ascoltano attentamente come le loro amiche donne le informano su quali idioti sono i veri uomini nella loro vita.

Le donne semplicemente non amano gli uomini senza spina dorsale per più di buoni amici. E quando imitate una brava persona e seguite il piano della donna, e accettate che sia lei a prendere le decisioni, lei non vi rispetta.

Ed è per questo che l'uomo fantastico non viene scopato. Come ho detto, alle donne non piace prendere l'obbligo di fare sesso. Tu, come uomo, devi prendere quell'obbligo e condurre il metodo. Questo è ciò che le donne desiderano che tu faccia, e credimi, amano quando lo fai!

Essere eccessivamente interessati alle idee e ai sentimenti di una donna è una perdita di tempo perché la linea di fondo è che non puoi controllare ciò che una donna crede o sente. Puoi solo controllare te stesso. Piuttosto che prendere le donne troppo sul serio (il che offre loro potere su di te, rendendoti bisognoso e poco attraente), vedile solo come fonti convenzionali di divertimento e soddisfazione nella tua vita. Questo è quanto.

La prossima volta che sei con una donna, cerca di dirle "no" alla fine. Dire "no" può essere utile alle donne. Fallo con un metodo morbido, come questo:

Lei: "Andiamo a vedere un film".

Tu: "No, non ora. Entriamo nella prossima ora".

Se lei ti vede come una difficoltà, allora sarà eccitata da te invece che annoiata.

Se dite SÌ a tutto quello che la vostra donna vi suggerisce, allora lei vi dirà rapidamente NO, e nel posto peggiore di tutti, la camera da letto.

Il maschio alfa è sorprendente per le donne perché la sua felicità viene da dentro, quindi non la carica di alcun dovere per il suo stato psicologico.

Lasciatemi dire qualcosa qui: il vostro stato interiore è essenziale con le donne. Affinché ti vedano come adorabile, devi prima amare te stesso. Devi avere entusiasmo per la tua vita, e devi andare per quello che vuoi.

Ci sono un sacco di bravi ragazzi là fuori che sono giù di morale e insicuri. Ecco perché quando si tratta di amore, i grandi uomini si completano per ultimi.

Il cretino

La persona eccellente fa l'errore fatale di attirare la loro logica, mentre l'unica buona idea che fa il cretino è di fare appello ai sentimenti di una donna.

Perché fanno eccitare le donne essendo così insistenti e poi andando per la scopata, i cretini scopano. Sono sessualmente aggressivi, a differenza dei buoni che sono sessualmente passivi. Mentre il cretino crea emozioni sfavorevoli nelle donne, un minimo di loro crea ancora sentimenti, piuttosto che il grande uomo che annoia le donne.

Queste donne spesso si comportano in modo insicuro e strano quando si tratta di relazioni, quindi non sono il tipo di donne per cui un maschio ben inserito vorrebbe optare in ogni caso.

Il lato positivo è che c'è ancora un livello più alto di uomini, che io chiamo i maschi alfa, che provocano sentimenti positivi nelle donne senza alcuna vera negatività.

Il maschio alfa

Nella società, i maschi alfa sono i leader; gli individui li ammirano. Il maschio alfa è positivo, socialmente dominante, estroverso, divertente, un leader, sicuro di sé, ha un'alta fiducia in se stesso ed è un ragazzo che ha tutto sotto controllo.

Quando una signora afferma qualcosa di sarcastico, il maschio beta si arrabbia, mentre il maschio alfa ci ride sopra poiché capisce che le donne assomigliano alla sua sciocca sorellina. Gli studi sugli scenari sociali hanno rivelato che le persone dominanti marcano la loro area in numerosi modi non verbali, come l'uso dello spazio con i loro corpi, l'uso di una voce più forte, il controllo delle conversazioni e l'uso di un forte contatto visivo. Gli individui intorno al maschio alfa tendono ad essere risucchiati nella sua verità perché è intrigante e li fa sentire a loro agio.

Poiché non è bisognoso, il maschio alfa non si sente possessivo o geloso delle donne. Inoltre non soffoca le donne mettendole su un piedistallo. Per questo motivo, capisce che qualsiasi donna sarebbe fortunata ad averlo, quindi se una specifica donna non opta per lui, è lei a perderci, non lui.

D'altra parte, il maschio beta si agita, ha un basso status sociale, di solito è un seguace invece di un leader, si sente tipicamente risentito in privato, ha poca fiducia in se stesso, ed è appiccicoso e disperato con le donne.

Una volta ero beta. Ero depresso e risentito. Desideravo una ragazza perché pensavo che averne una avrebbe reso la mia vita degna di essere vissuta.

Sei comportamenti da maschio beta da evitare

Ecco una cosa che forse non capite di noi persone: siamo collegati per dare più peso ai dettagli negativi su qualcuno rispetto a quelli positivi. Ecco perché si può avere una grande discussione con qualcuno e poi, all'improvviso, si cambia idea su di lui.

Quindi, poiché una mossa sbagliata può abbatterne 100 grandi, è fondamentale evitare le abitudini sfavorevoli che sono caratteristiche dei maschi di basso livello, o beta, se non desideri che le donne ti trattino come una merda e ti portino avanti. Questi attributi beta da evitare sono:

1) Cercare l'approvazione finendo le frasi con "non è"? Queste preoccupazioni attaccate al completamento delle frasi vi fanno sembrare deboli di volontà.

2) Cercare di dominare. Invece, fatelo e basta. Avere una realtà mentale e una mentalità più forte di chiunque altro.

Presumete che le persone siano lì per seguirvi perché voi siete l'uomo.

3) Essere bellicoso, sia con le donne che con altri uomini.

Il maschio alfa può rimanere calmo sotto pressione e andarsene quando ne ha bisogno. Iniziare una battaglia è un segno che sei un uomo con uno status basso. Lottare per acquisire l'affetto di una donna è il tipo supremo di ricerca di approvazione, che diminuisce la tua attrattiva. Detto questo, però, se una persona viola i tuoi limiti e inizia a rompere i coglioni con te (ad esempio, se sei vittima di bullismo), ci sono occasioni in cui devi farti valere.

4) Seguire il programma dell'altra persona e discutere di ciò di cui vogliono parlare, anche se lo trovate noioso.Il maschio alfa discute solo ciò che desidera. Osservate qualsiasi maschio alfa in azione (ad esempio, politici e amministratori delegati), e osserverete questo fenomeno. Quando un maschio alfa è annoiato, non nasconde il suo disinteresse. Non offrire agli individui la tua attenzione finché non se la sono guadagnata.

5) Cercare di ingannare gli individui e mostrare che sei più intelligente dell'individuo con cui stai parlando. Si scopre che i migliori leader sono abbastanza sicuri quando si guardano i leader nei consigli di amministrazione delle imprese o nei palazzi dei governatori.

6) Controllare ogni bella ragazza che vedi. Un ragazzo che sta scopando a destra e a manca non ha tempo per questo, quindi non dovresti farlo neanche tu. Vedi come iniziano a esaminarti e a desiderare di mostrarsi a te.

Se sono un leader naturale, i maschi alfa presumono il manto della leadership come loro diritto di nascita e agiscono. Non si preoccupano molto di ciò che gli altri credono. Fanno le loro cose e non cercano l'approvazione.

Mentre il cretino sviluppa emozioni negative nelle donne, almeno esse producono ancora dei sentimenti, al contrario del grande uomo che stanca le donne.

Il maschio alfa non si sente geloso o possessivo nei confronti delle donne perché non è bisognoso. Per questo motivo, sa che qualsiasi donna sarebbe fortunata ad averlo, quindi se una donna in particolare non gli piace, è lei a perderci, non lui.

E quando parli con una signora, guida la discussione. Mesmerizza la sua attenzione.

Mentre vi occupate delle vostre abitudini, lavorerete anche per adottare la mentalità di un maschio alfa. La prima cosa che vedo che tutti i maschi alfa hanno in comune è che danno per scontato che gli individui seguiranno la loro guida.

Sii un buon partito per tutte le donne, comportati come se la figa non fosse un grosso problema per te, perché non è un'offerta massiccia per gli uomini che scopano tutto il tempo. Comportati come se tutti i tuoi desideri virili fossero del tutto naturali. Non hai motivo di scusare o nascondere la tua libido come fanno le brave persone!

Essere positivi: Il successo nasce dalla fiducia. Presumete di avere successo, e la vostra mentalità aumenterà le probabilità di successo. Supponete di essere allettanti per le donne.

Sii coraggioso ed efficace: Allo stesso tempo, sii naturale e divertente. Sii un po' cattivo; tuttavia, non essere un idiota. Se vuoi, abbi un sorriso diabolico sulla faccia.

Fate quello che volete nella vita: Sii sincero con i tuoi sentimenti. Se non desiderate fare qualcosa, allora non fatelo. Sii sincero con te stesso. Sii te stesso.

CAPITOLO SESTO

Sbarazzati dei segnali non verbali che urlano che non sei dominante

Cosa pensi che sia qualcosa che rende un uomo più attraente per le donne?

Trasmetti il tuo status di maschio dominante semplicemente agendo come fanno gli uomini dominanti, gestendo consapevolmente gli indizi non verbali che mandi, sviluppando così l'impressione in una donna che tu sia alfa.

Questa tecnica è chiamata principio di associazione. Nella mente di una donna, ti associ a qualità maschili desiderabili mentre ti dissoci dalle qualità indesiderabili del "bravo ragazzo".

Allo stesso modo, puoi usare l'impression management per controllare ciò che la donna pensa di te.

Cos'è la supremazia? È il potere sociale, che ha origine dall'assertività. Man mano che passerai attraverso la tua procedura di auto-miglioramento, alla fine, interiorizzerai i concetti di questo libro e diventerai un maschio alfa.

In questo momento, scoprirai come imitare un maschio alfa, dando l'impressione di dominanza usando la tua voce, i tuoi occhi, le tue abitudini e la tua postura.

I tuoi occhi sono il principale indizio non verbale che dice agli individui che sei un maschio alfa. Un maschio dominante non ha paura di guardare direttamente gli individui. Distogliendo lo sguardo, comunichi sottomissione. Quando guardi in basso, interagisci con autocoscienza, vergogna e un senso di status basso.

Studi di ricerca hanno dimostrato che usare una voce morbida e pacifica può dare l'impressione di non essere assertivi.

Quando parlate, cercate di far circolare le vostre parole e non abbiate paura di dire quello che pensate. Le persone che hanno paura ed esitano sono percepite come meno potenti di quelle che non lo fanno.

Godetevi le vostre abitudini e stranezze. Cerca di evitare le seguenti indicazioni non verbali dello stato beta:

1) **Usare "ah" e "um", frasi parziali e parole parziali.** Studi di ricerca hanno rivelato che gli individui pensano che gli altri che parlano così non hanno fiducia in se stessi e non sono troppo brillanti. È un segno di ansia. Il fattore per cui diciamo "ehm" è perché abbiamo paura di essere interrotti dall'altra persona. Invece, non abbiate paura di fermarvi brevemente per

l'impatto. Fermarsi brevemente prima di punti essenziali vi farà sembrare più abili, e le persone ricorderanno ciò che dite.

2) **Parlare troppo velocemente.** Questo produce l'impressione che vi sentite ansiosi e avete poca fiducia. Un ritmo di conversazione regolare e confortevole si differenzia in una gamma moderata da 125 a 150 parole al minuto. Diminuire!

3) **Parlare con una voce monotona, intesa anche come borbottio.** Gli individui con una gamma di tono stretta sono considerati poco assertivi, poco interessanti e non hanno fiducia in se stessi. Quindi differenzia la tua intonazione, e sarai visto come estroverso e alfa.

4) Fare una **pausa troppo lunga prima di rispondere a una preoccupazione**. Questo mostra che stai pensando troppo intensamente alla tua risposta, il che ti fa apparire indeciso. Allo stesso modo sembra che tu stia provando troppo a vincere l'approvazione dell'altra persona.

5) **Tenere le mani davanti a sé**. Questo è un gesto protettivo. Invece, tenetevi aperti e vulnerabili perché non provate paura.

6) **Contorcere le dita o le mani.** Quando si è dall'altra parte del tavolo da qualcuno, c'è un'inclinazione naturale a divertirsi

con i pacchetti di zucchero o gli involucri di paglia con le dita. Non fatelo. E non tamburellare le dita sul tavolo, alle donne non piace.

7) **Toccarsi la faccia quando si parla.** Questo suggerisce che credi troppo, che sei indeciso, o che ti senti timido. Per comunicare fiducia in se stessi, tenete le mani unite a forma di campanile davanti al petto o al viso. (Molti insegnanti lo fanno quando fanno lezione.) Quando hai bisogno di una sostanziale dimostrazione di fiducia in te stesso, tieni le mani sui fianchi, un'altra postura che ti aiuterà. Gli agenti di polizia fanno così.

8) **Piegare o incrociare le braccia davanti a sé.** In feste insolite, è possibile piegare le braccia in stile alfa (guardate Brad Pitt nel film Fight Club per una grande dimostrazione di questo), tuttavia come regola generale, evitatelo.

9) Postura rigida o chinata. Un maschio alfa ha una postura rilassata, che sia in piedi o seduto. Rilassato ed espanso.

10) Guardare in basso. Il maschio alfa tiene la testa alta. Rivela entusiasmo. Guardare il pavimento verso il basso telegrafa "perdente". Tieni il mento alto. Esponi il tuo collo - non

preoccuparti, nessuno ti strozzerà! Guarda l'individuo con cui stai parlando; ricorda quello che ho detto sull'uso degli occhi.

11) Gesti nervosi del viso come leccare le labbra, insaccare le labbra, muovere il naso e mordersi le labbra. Un maschio alfa ha una faccia e una bocca non nervosa perché non teme nessuno.

12) Sorriso eccessivo. Studi sui primati hanno rivelato che i maschi beta sorridono come metodo per indicare la loro innocuità ai maschi più potenti. Gli esseri umani beta sorridono per rivelare che non sono una minaccia.

13) Camminare velocemente come parte della vostra passeggiata regolare. Piuttosto, cammina un po' più lentamente del solito, quasi come se stessi spadroneggiando. Sei alfa, nessuno ti sta inseguendo e non ti stai affrettando per compiacere qualcun altro. Se non hai fretta di andare da qualche parte, cammina come se fossi rilassato e positivo. Pensa: "Io sono il maschio. Posso far felice qualsiasi donna".

14) Camminare solo con le gambe. Non esitate a muovere il busto e le braccia. Provate questo: camminate come se aveste semplicemente avuto un enorme successo e vi sentiste in cima al mondo. Godetevi quello che fate con il vostro corpo. Potresti scoprire di muovere le braccia insieme alle spalle e di avere un piccolo rimbalzo nel tuo passo. Ora, fallo tutto il tempo.

15) **Dinoccolato**. Non dovete stare fastidiosamente dritti, ma dovete avere le spalle indietro.

1) **Sbattere molto le palpebre**. Sbattere leggermente gli occhi lentamente. Non chiudere gli occhi a disagio. Lasciate semplicemente che le vostre palpebre si rilassino. In realtà, lasciatele cedere un po'. Non avere gli occhi da insetto.

17) **Muovere gli occhi avanti e indietro quando si parla.** Questo è estremamente beta. Guardate la faccia dell'altro individuo quando siete in una discussione e siete voi a parlare.

18) **Tenere troppo contatto visivo quando l'altra persona parla.** Il contatto visivo non-stop ti fa sembrare bisognoso, socialmente rallentato e, onestamente, come uno strambo. Piuttosto lasciate che i vostri occhi si offuschino e dopo questo guardate i suoi occhi. Guarda attraverso di lei piuttosto che a lei. Da un ampio screening, ho scoperto che guardare una signora per circa due terzi del tempo è ottimale. A proposito, mantieni lo sguardo solo quando lei ti sta dicendo qualcosa di

veramente intrigante. Altrimenti, concentrati su altre cose come il suo seno, i suoi capelli, le cose che succedono intorno a te, ecc.

19) **Essere a disagio con i tuoi occhi.** La linea di fondo è che i tuoi occhi dovrebbero essere comodi, rilassati, assertivi e sessuali.

20) **Guardare in basso o di lato prima di rispondere alla domanda di una donna.** Guarda in alto verso la squadra se hai bisogno di distogliere lo sguardo prima di rispondere a pensare. Gli studi hanno rivelato che questo mostra più fiducia.

21) **Avere paura di toccare una femmina, e quindi essere non-toccante.** Siate positivi quando sentite le donne, qualsiasi ansia può essere fatale per le vostre relazioni con lei. Sii gentile, se usi una pressione estrema, riveli la tua insicurezza. (Dato che sei alfa, ovviamente lei ti seguirà, quindi non c'è bisogno di essere altro che spiritoso e tenero).

22) **Girare la testa velocemente quando qualcuno desidera la vostra attenzione.** Invece, usa i movimenti che faresti quando sei al mouse pigro e rilassato. Non sei agli ordini di nessuno. Sei alfa, ricordi?

23) **Usare frasi lunghe e contorte**. Le alfa sono brevi e vanno al punto.

Non sentitevi male se inevitabilmente sbagliate e utilizzate alcuni di questi segnali non verbali di tanto in tanto. Nessuno è il migliore, quindi non abbatterti per questo, specialmente quando stai parlando con una donna. Lascia perdere e porta avanti la discussione.

Quando si considerano troppo queste cose mentre si parla, si comincia a mettere in dubbio se stessi, e quando questo accade, ci si sente insicuri e angosciati e si diventa riluttanti. Invece, occupatevi solo di rimanere disinvolti ma genuini in ogni momento.

È adeguato capire semplicemente come si interagisce non verbalmente con tutto ciò che si fa, poiché conoscendo i modi si inizierà ad evitare molto di più le comunicazioni sfavorevoli.

Nove segnali non verbali che dicono: "Sono simpatico".

Attualmente ho elencato le non-verbali che trasmettono dominanza. Ci sono alcune grandi sovrapposizioni di questi segnali, come lo sguardo sostenuto mentre si parla, che comunicano supremazia e allo stesso modo vi rendono più simpatici. Spesso i segnali di dominanza (come appoggiarsi all'indietro) possono rendervi più distanti.

Sii consapevole delle seguenti strategie tranquille che attirano magneticamente una ragazza verso di te:

1) Inclinati in avanti quando sei seduto di fronte a qualcuno che ti sta informando su qualcosa. Questo comunica interesse per ciò che stanno affermando. È fondamentale assicurarsi che la donna sia molto interessata a te prima di fare questo, dato che appoggiarsi all'indietro è un modo per te di giocare "hard to get non-verbally". Inclinati in avanti per offrire l'impressione che sei facile parlare con lei quando è interessata a te.

2) Orienta direttamente il tuo corpo e la tua faccia verso di lei. Nota che dovresti avere la supremazia stabilita prima di fare questo, perché perdi la supremazia essendo più diretto con il tuo linguaggio del corpo.

3) Sorridere.

4) Avere una postura rilassata e distesa.

5) Vestiti in modo simile al tuo gruppo, ma semplicemente un po' più fresco di tutti gli altri. Se soddisfi le aspettative di abbigliamento degli individui con cui ti impegni, sarai molto più apprezzato.

6) Indossare abiti più chiari e informali. (Tuttavia, tali vestiti interferiscono anche con la vostra dominanza vista).

7) Mantieni il contatto visivo condiviso, vai avanti e guardala negli occhi, e le piacerai. Non farlo più del 70% del tempo, però, come detto in precedenza.

8) Assicuratevi che la vostra voce parlante sia piacevole, espressiva, disinvolta e interessata a ciò che viene discusso.

9) Eliminare tutte le espressioni facciali non piacevoli, l'assenza di gesti, il guardare altrove, il movimento del corpo chiuso e una postura scomoda.

Ancora una volta, assicurati di trovare un equilibrio tra dominanza e simpatia. Se non sorridi mai, allora non piacerai alla femmina. Tuttavia, se sorridi eccessivamente, ti fa apparire come se avessi uno status sociale basso, ti stai sforzando troppo.

Alcune cose, come una postura rilassata e distesa, ti aiutano con la supremazia e la simpatia, quindi dovresti essere sempre disteso e rilassato. I tuoi occhi sono l'indizio non verbale numero uno che informa gli individui che sei un maschio alfa.

CAPITOLO SETTE

Alle donne piacciono gli uomini che piacciono alle altre donne. Questo fenomeno si chiama preselezione. Hai presente quando un uomo entra in un club con una donna per braccio e, all'improvviso, tutte le altre ragazze lo considerano.

E no, non si tratta di confondere la correlazione con la causalità. Gli studi hanno trovato la stessa cosa: le donne sono intuitivamente attratte da uomini che altre donne desiderano.

Prendete una foto di un uomo, mostratela ad alcune donne, e le donne potrebbero essere attratte o meno da lui. Programmate lo stesso uomo con una donna (o più donne) mozzafiato e tutto d'un tratto; viene rapidamente visto come 10 volte più attraente.

Come ultima nota, questo funziona solo se le donne attraenti ti preselezionano. Avere un brutto ciccione che ti insegue avrà il risultato opposto.

Quando le donne sanno che altre donne attraenti ti desiderano, diventi 10 volte più bella ai loro occhi. Ora, diamo un'occhiata ai modi in cui puoi applicare questo alla tua vita.

Come usare il potere della preselezione.

Potresti non essere (ancora) in grado di adottare la tecnica comune del maschio alfa di apparire costantemente con qualche donna sexy con te, o di passeggiare con donne che pendono dalle tue braccia, ma questo non indica che non puoi usare efficacemente il potere della preselezione a tuo vantaggio.

Qui ci sono un paio di metodi semplici che potete utilizzare per sfruttare il potere della preselezione.

Pubblica immagini di te stesso con delle ragazze adorabili su Facebook. Basta così.

Esci con più donne. Ricorda che gli appuntamenti non sono unici. Puoi uscire con tante donne allo stesso tempo come vuoi. Quindi esci con molte donne, aumenterà la tua attrattiva ai loro occhi. Puoi anche integrare questa idea con la prossima,

Sii vago sul tuo stato di relazione. Se una ragazza te lo chiede, non dichiarare che sei single, dì semplicemente qualcosa come "è complicato" e non dire altro. Potresti anche rendere le cose ancora più oscure e mistiche usando parole come "ragazza" e "fidanzata" in modo intercambiabile.

Non esporre il tuo numero di tacche. Se una donna ti chiede con quante donne sei stato, dì semplicemente qualcosa come: "Cosa, oggi? Poche..." o "Se te lo dicessi, dovrei eliminarti".

E altro ancora! Quindi siate creativi.

I bravi ragazzi amano investire quanto più tempo, sforzo e denaro possibile nelle donne. Presumono erroneamente che più investono in una donna, più attrazione lei prova per loro. Un cattivo ragazzo spende solo abbastanza perché una donna razionalizzi di stare con lui. Quando elimini l'eccessiva smania di compiacere gli altri (specialmente le donne), scoprirai che gli individui (in particolare le donne) cercano progressivamente la tua attenzione e sono desiderosi di compiacerti.

L'attrattiva fisica di un uomo gioca una funzione molto più piccola nell'attrazione di una donna che l'aspetto fisico di una donna per noi.

Essere eccitante, misterioso e imprevedibile
Noi umani abbiamo naturalmente un piccolo complesso d'inferiorità. Vedi una ragazza sexy e te la immagini come la persona più fantastica e notevole che sia mai esistita. Te la immagini mentre vive una vita folle e straordinaria. Ti senti insufficiente al confronto.

In realtà, però, le ragazze sexy vivono una vita molto tipica e poco interessante, simile a quella del resto di noi. Quella gnocca che ti ha spaventato? Il più delle volte è molto annoiata. Vive una vita noiosa, regolare e banale.

E proprio come noi uomini spesso vediamo le donne sexy come troppo fantastiche per noi (anche quando sono abbastanza poco interessanti e comuni), così fanno anche le donne. Le donne lo fanno ad un livello molto, molto più alto. Ecco perché le donne sono intensamente attratte da uomini oscuri e strani. Costruiscono questa grande fantasia nella loro mente, qualcosa che nessuna verità potrebbe mai desiderare di eguagliare.

Questo è anche il motivo per cui spesso il miglior sesso che hai con una ragazza è la prima volta che te la sbatti; lei sta facendo del suo meglio per compiacere questo misterioso tipo alfa. Tuttavia, man mano che diventi sempre più familiare, e lei inizia a capire sempre di più di te e riconosce che non hai altre opzioni (cioè, altre donne che vogliono scoparti), il sesso diventa semplice. Noioso. Comune. Lei ci mette meno impegno e desidera fare sesso meno regolarmente. Passa dal cercare avidamente di farti piacere a "tollerarti e basta". Alla fine, si finisce in una relazione coniugale senza sesso, e, se siete fortunati e lei non ha un "mal di testa" per la dodicesima notte di fila, si può ottenere entusiasta, una volta al mese sesso stella marina.

Questo non succede mai ai maschi alfa. Si rendono conto (consapevolmente o automaticamente) del potere di mantenere un'aria di mistero e imprevedibilità. Capiscono che le ragazze prevedono regolarmente un'aura di mistero intorno a uomini di cui sanno davvero poco. Inoltre, danno per scontato il meglio.

Non vuotare il sacco. Non informarla su tutto di te, sii poco chiaro, coltiva un'aria di mistero e lascia che lei completi gli spazi con la sua creatività. Sii un mistero, amico.

Il potere di "occupato".

Pensate che i maschi alfa di alto valore abbiano il tempo di rilassarsi con qualche ragazza tutto il giorno? No, certo che no. Hanno di meglio da fare.

Vedete, per un sacco di 'bravi ragazzi' fanno l'errore di assumere che se solo fossero migliori se solo potessero investire più tempo con un pulcino, mandarle più messaggi, parlarle di più, e fare più viaggi di shopping con lei, allora lei sarebbe portata da lui. Purtroppo non è così.

Rimanere occupati. Ciò che è limitato è importante. Se passi troppo tempo con lei, inevitabilmente ti darà per scontato.

Idee cruciali.

1. Parlale meno di te. Lasciale riempire gli spazi con la sua immaginazione. Cercare di impressionarla la lascia solo non impressionata, e si scopre come bisognoso come se cercasse una convalida o tentasse di compensare un'inadeguatezza percepita come se sentisse di essere insoddisfacente per lei.

2. Passa meno tempo con lei. Ciò che è scarso è prezioso. Investire ogni minuto in più con lei e inondarla continuamente di messaggi finisce solo con il non valorizzarti e darti per scontato.

3. Essere imprevedibile. L'imprevedibile è sorprendente e lancia la dopamina (la sostanza chimica della soddisfazione del cervello). Essere completamente imprevedibile, ipnotizza le donne ancora di più che essere semplicemente un noioso vecchio prevedibile Joe Blow. Scuotere le cose!

Stuzzicarla.

Per esempio, se una ragazza chiede a un grande uomo se sembra grassa in un vestito, lui la informerà disperatamente no, che sembra fantastica e splendida. Se una ragazza chiede a un maschio alfa se sembra grassa in un vestito, lui reagirà come la stupida preoccupazione che è, dicendole che sembra che abbia appena guadagnato 400 libbre e che deve togliere subito quel vestito insieme alle sue mutandine e poi farle un occhiolino.

Non è la sua spalla su cui piangere né il suo tampone psicologico. Non è lì per metterla a suo agio e informarla di quanto sia "fantastica". Un maschio alfa è lì per divertirsi e divertire, niente di più, assolutamente niente di meno.

Non esitare a dare (giocosamente) merda alle donne e a prenderle in giro, specialmente se chiedono/dicono qualcosa di assolutamente stupido (per esempio, "Sembro grassa con questo?"). Non mettere le donne su un piedistallo. Trattatele semplicemente come i tipici, noiosi, scorreggioni e cagoni individui che sono. Soprattutto, divertitevi e divertitevi.

Quando metti una donna su un piedistallo, tutto quello che lei può fare è guardarti dall'alto in basso. Questo è un errore che fanno così tante persone. Cercano di essere così buoni, di fare cose buone per lei, di fare di tutto per impressionarla e di dare la priorità alla sua gioia rispetto alla loro.

Come se lei fosse la persona di più alto valore, e tu fossi semplicemente un uomo di basso valore che cerca di compensare la tua incapacità essendo più significativo e cercando continuamente di impressionarla e vincere la sua approvazione.

Quando un maschio alfa si limita a trattarla come una persona normale o, in alcuni casi, come se fosse lui quello di maggior valore, come se fosse lui il premio - prendendola in giro, giocando a divertirsi con lei, armeggiando con lei e arruffando le sue piume, si scopre che ha molto più valore. La signora cercherà di impressionarlo e di ottenere la sua approvazione piuttosto che guardare dall'alto in basso questo povero "bravo ragazzo" che tenta così difficilmente di conquistare il suo amore.

Ecco la differenza principale tra i maschi alfa e gli uomini buoni (chiamati anche maschi beta) quando si tratta di donne: Un maschio beta imita lei è il premio. Un maschio alfa si comporta come se fosse lui il premio.

E indovina un po'? Le donne sono ipergame. Le donne non vogliono mai essere la ricompensa. Desiderano che lui sia la ricompensa. Ecco perché sentite le donne parlare di come il signor [X] sia "un vero buon partito". Le donne sono biologicamente cablate per essere portate in uomini che sentono trascendere a loro.

Mettetela su un piedistallo, uscite dal vostro metodo per impressionare e flettete costantemente al contrario per lei, e lei vi vedrà come un maschio inferiore e poco attraente. Trattala come un individuo normale (o fai un'azione in più e imita che sei tu quello notevole) prendendola in giro giocosamente e fornendole una grande presa in giro di tanto in tanto. Lei ti vedrà come un maschio attraente ed eccezionale. Come se fossi tu la ricompensa, non lei. Ed è questo che lei desidera.

Le donne amano gli uomini ambiziosi.

I maschi alfa non lo fanno. Hanno cose più cruciali da fare, che sia costruire un servizio, perseguire un entusiasmo o fondare un impero. Vivono una vita interessante e audace a modo loro. Se vogliono, possono permettere ad una donna di accompagnarli per il viaggio, ma le donne sono solo uno strumento per vivere, non la vita stessa.

Scopri qualcosa che ti entusiasma o addirittura ti consuma, un obiettivo, uno scopo più grande, un obiettivo enorme, e perseguilo aggressivamente.

Le donne non desiderano essere la tua vita; vogliono appartenervi. Vogliono accompagnare un uomo mentre si accinge a vivere una vita interessante e avventurosa. Non vogliono essere il centro della sua vita, il suo obiettivo primario. I maschi alfa hanno a che fare con le donne, non come il centro della loro vita, ma come un dispositivo.

CAPITOLO OTTO

Abilità di flirtare che viene naturale per le donne e l'emozione

Stuzzicare.

Le donne stuzzicano con gli occhi, guardando i ragazzi in modo civettuolo, e poi si avvicinano così tanto per evitare il loro sguardo. Prendono in giro con il modo in cui si vestono, usando un abbigliamento che espone tanto, ma non eccessivamente.

Considerate come le spogliarelliste vi deliziano e poi si ritirano, vi entusiasmano e poi si ritirano.

Le donne lo fanno sempre, a vari livelli. Perché riconoscono che i preliminari iniziano molto prima di raggiungere la camera da letto, e le donne lo fanno.

Stuzzicare una signora in modo giocoso, dato che lei lo ama. Prendila in giro per :

- Le sue risposte alle vostre domande.

- Il modo in cui si veste.

- I suoi manierismi e le sue peculiarità.

Dalle uno schiaffo sul sedere quando dice qualcosa di cattivo. Impacchetta una cannuccia di carta e lanciala contro di lei, con un sorriso malizioso sulla faccia.

Inquadra l'intera interazione con una donna praticamente come se tu fossi il suo fratello maggiore e lei la tua sorellina spiritosa. Mantieni tutto vivace e divertente.

I suoi segnali di attrazione.

Il motivo è che se una femmina rimane a parlare con te e ad essere piacevole, certamente non le stai antipatico! Ma è sempre possibile che le piaci solo come amico (anche se è improbabile finché continui a spingere avanti l'interazione), quindi il mio consiglio è di imparare e memorizzare la seguente lista che ho sviluppato, e dopo di che, cerca di dimenticarla.

La seguente lista rimane in nessun ordine particolare.

1. Ti fa i complimenti per quasi tutto.

2. Si sente nervosa intorno a te. Cerca indicazioni di ansietà, come i suoi scatti muscolari.

3. Ti prende in giro giocosamente.

4. Fa uno sforzo per informarti di quanto le piacciano le stesse cose che piacciono a te.

5. Parla di cose che entrambi potrete fare in futuro. "Anche a te piacciono i negozi di vestiti vintage?" potrebbe dire, "Dovremmo andarci qualche volta! A proposito, anche questo è qualcosa che si dovrebbe sollevare con le ragazze. Non renderlo troppo importante. (Dite qualsiasi cosa giocosamente irragionevole che voi due potreste realizzare in futuro. Tienilo verbalmente non sessuale naturalmente).

6. Quando le sue gambe sono incrociate, guarda il piede della sua gamba principale. È un'indicazione che hai tutta la sua attenzione se è puntata verso di te.

7. Quando si ferma, fa uno sforzo per continuare la conversazione. Una volta ogni tanto, puoi anche testare la sua destinazione permettendo di proposito che la discussione si fermi brevemente dalla tua parte (vedi se riprende la discussione).

8. Si tocca il viso. Quando un individuo si tocca il viso, è un segno che sta pensando a qualcosa.

9. Ti guarda negli occhi e mantiene il suo sguardo.

10. Lei scala verso di te. (Essendo passive per natura, le donne seguiranno la guida di un maschio da cui si sentono attratte).

- Regola il ritmo della sua voce in modo che corrisponda al tuo.

- Corrisponde al ritmo della tua respirazione.

- Ride insieme

11. Accarezzare cose come un bicchiere di vino o una penna su e giù con il pollice e il dito guida. Questo suggerisce che hai un forte risultato su di lei, bravo!

12. Getta la testa indietro o da un lato all'altro. Guarda i suoi capelli ondeggiare mentre lo fa.

13. Si tocca il viso mentre ti guarda.

14. Fa penzolare la scarpa dal piede o addirittura se la toglie.

15. Si strofina la punta delle dita sulla parte superiore del petto.

16. Si strofina il palmo della mano sulla nuca, facendo sì che i suoi capelli si scompiglino.

17. Gioca con i suoi capelli mentre ti guarda.

18. Mostra un sorriso autentico invece di uno forzato.

19. Poiché le sue pupille sono grandi e dilatate, i suoi occhi brillano.

20. A volte alza le sopracciglia.

21. I suoi capezzoli si stanno solidificando. Naturalmente, è possibile identificarlo solo se indossa l'abbigliamento ideale.

22. Ha una faccia non rilassata. (Tuttavia, a volte una faccia non rilassata può andare bene, come quando una femmina è così portata per te che si sente nervosa).

23. Concentra tutta la sua attenzione su di te, anche quando ci sono altri individui intorno.

24. Ti tocca mentre ti parla, anche se è "accidentale". Le donne sono molto attente ai loro corpi, quindi raramente sarà davvero un incidente quando ti toccano. Quando ride ad una delle tue affermazioni spiritose, cerca che ti tocchi il braccio per evidenziare un punto o che sfiori il suo piede contro il tuo.

25. Ridacchia alle tue osservazioni come se fossero le cose più divertenti che abbia mai sentito, anche se sono solo leggermente divertenti.

26. Rivela la sua lingua, come quando la tocca sui denti anteriori o si lecca le labbra.

27. Con il suo corpo girato verso di voi, si siede inaspettatamente in posizione eretta, con i muscoli delle braccia in tensione e i seni premuti in fuori.

28. Lei ti mostra i suoi palmi. I palmi aperti indicano che si sente aperta con te.

29. Si strofina i polsi o gioca con il suo braccialetto.

30. La sua pelle finisce per essere arrossata. Guarda specialmente per osservare se arrossisce. (Questo può anche essere un segnale che si sente eccitata).

31. Si strofina i lobi delle orecchie o gioca con i suoi orecchini.

32. Ti fa domande su di te. Non saranno semplicemente le domande superficiali che farebbe a chiunque (" Da dove vieni?"), ma invece saranno domande più profonde per imparare cosa ti fa scattare (per esempio, "Qual è il tuo entusiasmo nella vita?").

Quando una signora si comporta da mocciosa e ti chiede qualche preoccupazione come: "Perché hai deciso di parlare con me?" o "Dici queste cose a tutte le signore?", la cosa migliore da fare è non cercare la risposta più elegante.

Invece, il metodo migliore per rispondere è l'indifferenza. Con questo metodo si rimane in controllo della cornice. (Ogni volta che apprezzi ciò che una ragazza crede, questo le fornisce il controllo).

Non c'è mai l'obbligo di sentirsi come se si dovesse accattivare una femmina. Farlo ti rende beta. Comunicate con lei quando conversate con una donna. Esaminala per essere sicuro che possa mantenere una conversazione optando per te. Questo fa di te il maschio alfa.

Dato che si presume costantemente che la femmina sia portata da te, la regola più importante per mantenere il controllo dell'inquadratura è quella di essere sempre pronti ad allontanarsi.

Anche se io discuto la perseveranza fino a quando non vieni rifiutato o scopato, a volte è bene essere quello che se ne va per primo (se si tratta di una ragazza che non ti piace), solo per capire che puoi. Se una femmina vede un ragazzo come un ostacolo, questo lo mantiene irresistibile. Indica che deve lavorare per lui, e se acquisisce il suo affetto, questo è il suo vantaggio. Supponiamo che tu sia un "sicuro" per una donna, questo le offre una convalida e la induce a perdere la destinazione per te. Se ti limiti a supporre l'attrazione, questo fa sì che la signora creda continuamente di essere più attratta da te di quanto tu lo sia da lei.

CAPITOLO NOVE

Cosa vogliono davvero le donne dagli uomini

L'antica domanda che è stata posta dagli uomini di tutto il mondo è questa:

Cos'è che le donne vogliono da noi?

Per essere onesti con voi, le risposte sono illimitate. Poiché ci sono miliardi di donne in tutto il mondo, tutte possono desiderare cose diverse. Essendo l'essere umano che siamo, ci sono alcune cose che sia le donne che gli uomini desiderano che, per la maggior parte, non sono negoziabili.

Questi sono i bisogni integrati che emergono sia dai nostri desideri primari che dalla nostra natura umana. Per questo motivo, è importante inquadrare la domanda "cosa vogliono le donne?" sulla base dei desideri e delle esigenze primarie di una donna. Perché? Perché la risposta sarà sempre la stessa per ogni donna. Focalizzare la nostra domanda sulla natura umana e sull'impulso produrrà un po' più di coerenza nel capire esattamente qual è la qualità che una donna vuole da un uomo.

Quindi, per semplificare un po' le cose, la domanda che gli uomini devono porsi è questa:

Quali sono le cose che le donne vogliono dagli uomini che possono essere pensate come non negoziabili, universali e primarie?

Ora che abbiamo la domanda GIUSTA, lasciate che vi dia la risposta GIUSTA:

Il punto principale che una femmina desidera da un uomo è l'esperienza di sentirsi una signora. Desidera perdersi nella sua femminilità, e l'unico metodo che può gestire questa esperienza femminile è quando un uomo la imita come un ragazzo.

Seriamente, le donne sono creature femminili per natura e intuitivamente desiderano essere trattate come tali, non importa ciò che la società può affermare. È l'ordine naturale delle cose, quindi più una donna è femminile, più si sente a suo agio, sicura e desiderabile. È questa esperienza di sentirsi una creatura dal fascino femminile che le donne in questi giorni bramano dagli uomini.

La donna dei tuoi sogni desidera il tipo di uomo che la faccia sentire donna. E non ha altra scelta che rispondere all'uomo che può attivare questa sensazione in lei.

Questo indica che stabilendo il tipo di qualità di carattere maschile a cui una donna è Hard-Wired per rispondere, ti renderai naturalmente attraente e insostituibile per lei.

Il carattere maschile e le donne

Più un ragazzo è mascolino, più farà sentire le donne intorno a lui femminili. E il termine maschile, in questo caso, si riferisce al carattere di un uomo e alle sue abitudini. Il metodo migliore per un uomo per sviluppare una disposizione più virile è quello di andare a costruire il suo carattere e migliorare il suo carattere appositamente.

In poche parole, come uomo, devi prendere il controllo della tua vita, assumerti il dovere delle tue idee e azioni, e scoprire di gestire le tue emozioni in modo efficace.

Se vuoi impressionare una donna, o meglio, il tipo perfetto di donna di alta qualità che vuoi portare, la prima cosa che devi fare è concentrarti sulla costruzione del tuo carattere e renderti molto più mascolino in senso naturale.

Questa è l'unica cosa cruciale che puoi fare in questa vita. Niente è più attraente per una donna di qualità di un uomo che dà un alto valore a cose come la sincerità e l'integrità, e altre qualità di un carattere nobile. E mentre la forza fisica conta molto nello stimolare l'attrazione fisica di una donna, mantenerla attratta a lungo termine significa che un uomo deve avere anche la forza del carattere.

Una donna vuole sapere che può essere sicura della sua esperienza con te. Vorrebbe vedere che può dipendere da te mentre i tempi sono eccellenti. Desidera essere sicura della tua capacità di gestire la tentazione se ti trovi di fronte alla possibilità di fare qualcosa di discutibile per acquisire qualcosa che desideri. In queste circostanze, desidera essere sicura della tua stabilità, in quanto spera che non farai qualcosa che non è in linea con le tue convinzioni solo per guadagnare un profitto o godere di un minuto di piacere fugace.

Questo è MOLTO importante per lei.

D'altra parte, una donna vuole anche sapere che può contare su di voi per affrontare le controversie quando i tempi non sono così buoni. Vuole avere la garanzia di essere con un UOMO fino in fondo. Quando le cose vanno bene e poi cadono a pezzi alle giunture quando sorge una disputa, lei non vuole sentirsi come se tu potessi essere solo un semplice. Finirai per sembrare un ragazzino inesperto, e fidati, non sarà un'esperienza divertente per nessuno di voi due.

Una donna vorrebbe sapere che tu puoi farla sentire preferibile, sicura e protetta, femminile e splendida. Vorrebbe sapere che tu sei il tipo di uomo con cui lei può crescere, uno che può aiutarla a crescere e a raggiungere la sua completa capacità come femmina. E più maschile rimani nel carattere, più semplice sarà farla sentire in questo modo naturalmente.

E quando si tratta di romanticismo, l'uomo virile è un fan eroico e irresistibile per la sua donna. Sa come soddisfarla sia fisicamente che emotivamente, e si fa carico di assicurare che i suoi bisogni più profondi di intimità fisica e psicologica siano regolarmente soddisfatti.

Come costruire un potente personaggio maschile.

La costruzione del carattere per un uomo è forse il compito più importante che potrebbe mai svolgere nella sua vita. So che lo era e lo è ancora, almeno per me.

Non appena ho cominciato a concentrarmi sul cambiamento di certi aspetti del mio carattere, ho cominciato a vedere cambiare anche i risultati nella mia vita. E che ci pensiate o no, il tipo di vita che condurrete e il tipo di donna che attirerete e manterrete dipenderà tutto da chi siete come uomini.

Tutto il tuo modo di condurre la vita sarà basato su chi sei nel tuo nucleo maschile. Il tuo treno di idee, le tue risposte automatiche alle situazioni, e come gestisci le controversie e gli altri individui sono tutti collegati al tuo carattere. Le donne sono molto più attratte dal carattere e dall'indole di un ragazzo che dalle sue apparenze, dalle sue realizzazioni o dai suoi averi. Molto di più, il premio, le donne intelligenti, quelle con più esperienza nella gestione degli uomini, tendono ad avere una capacità fondamentale di vedere un ragazzo per quello che è veramente all'interno, indipendentemente dall'effetto alone creato dal suo aspetto fisico o dalle rappresentazioni materiali del suo status elevato.

Forti di questa comprensione, è di grande interesse per voi concentrarvi sull'avanzamento del vostro carattere e della vostra personalità.

Questo è solo un punto di partenza, tuttavia, per aiutarvi a bagnare i piedi, ecco alcuni consigli per la costruzione del carattere maschile:

1. Iniziate un nuovo passatempo severo, qualcosa in cui potete vedere voi stessi finire per essere veramente bravi. Questo costruirà la vostra forte fiducia in voi stessi, e vi aiuterà anche a stabilire la disciplina mentre sviluppate la vostra abilità e aumentate la vostra conoscenza in un modo nuovo di zecca.

2. Sviluppa una nuova abilità o una vecchia abilità e usala come metodo per andare avanti nella tua carriera o forse per costruire un servizio. Questo vi aiuterà a prendere il controllo cosciente della procedura di autosviluppo costringendovi ad affinare le vostre facoltà psicologiche per essere fantasiosi nel vostro lavoro.

3. Viaggia frequentemente con la tua donna e pianifica con lei esperienze straordinarie. Fai lo sforzo e fai in modo che la sua vita sia piena di divertimento e avventura romantica.

4. Stabilisci un obiettivo impegnativo per te stesso e dedicati a raggiungerlo. Questo ti aiuterà a costruire il carattere e rivelerà alla tua donna che sei motivato e entusiasta.

5. Iscriviti a un club di salute o a una squadra sportiva o prendi un'arte marziale e sviluppa il tuo corpo. Questo è criticamente importante.

Perché? Perché la forza fisica e il coraggio marziale sono due qualità che sono state considerate assolutamente "maschili", nella sua essenza più pura, nel corso della storia umana. E anche se non sembra, stabilire la vostra forza fisica e aumentare la vostra capacità di nervi marziali aiuta anche lo sviluppo del vostro carattere. Perseguire tali attività aumenterà la vostra sicurezza maschile e, allo stesso tempo, vi renderà molto più attraenti fisicamente per le donne a livello biologico e primordiale. Ti aiuterà anche a sviluppare l'autodisciplina e la competenza, dato che finire per essere abile in qualsiasi tipo di sollevamento pesi, sport o arti marziali richiederà una fantastica quantità di sforzo e persistenza.

6. Scopri altri libri che ti spingeranno avanti nella vita. Qualsiasi libro che ti aiuterà a progredire (come questo) ti aiuterà a costruire un personaggio più convincente affinando le tue facoltà psicologiche e la tua capacità di risolvere i problemi.

7. Scopri alcuni amici che ti aiuteranno a distinguerti nella vita. Iscriviti ad un club sociale dove gli uomini si riuniscono e trova dei metodi per includere il valore del raduno e della tua comunità. Questo ti aiuterà a crescere nel carattere perché sei costretto a imparare come relazionarti molto meglio con altri uomini per ottenere le tue esigenze soddisfatte e le esigenze degli altri lavorando insieme.

8. Trovate metodi divertenti e creativi per rivelare il vostro affetto su base continuativa. Questo vi aiuterà a stabilire le virtù dell'amore e dell'apprezzamento, dato che più vi riverserete nella relazione, maggiori saranno i benefici di cui godrete.

9. Essere proattivi. Offri raccomandazioni per risolvere le controversie, sii il primo a fare una mossa e prendi più iniziativa. Scoprite di finire per essere un abile decisore. Questo vi aiuterà a sviluppare l'abile qualità dell'iniziativa personale.

10. Vai oltre la chiamata di responsabilità nella tua vita amorosa e stabilisci la tua intraprendenza maschile nella tua relazione. Scopri cosa fa scattare la tua donna e assicurati che le sue esigenze siano soddisfatte anche prima che lei riconosca di

averne una. Questo ti aiuterà a stabilire l'abitudine di andare oltre il miglio extra e di fornire oltre i tuoi impegni e le tue promesse.

Queste idee dovrebbero essere sufficienti per aiutarvi a iniziare.

Anche se sono tutti suggerimenti molto utili, devi fare il lavoro. Inizia con qualcosa e impegnati a portarlo a termine. Fai qualcosa adesso e ostacolati. Questo è l'unico modo per costruire il carattere forte che desideri e le qualità virili che la donna dei tuoi sogni richiederà per sottomettersi alla tua gestione. Tenete a mente che coltivare un carattere forte e virile è essenziale per qualsiasi maschio che desideri un successo maggiore e la felicità nelle relazioni.

Basare la nostra indagine sulla natura umana e sull'impulso porterà un po' più di coerenza nel capire precisamente cos'è che una donna di qualità vuole da e in un uomo.

La chiave del suo cuore: Guadagnare e mantenere la fiducia

Una donna può semplicemente amarti e rispettarti come maschio fino a quando può contare sul fatto di stare con te. È così semplice, amico mio. Sopra ogni altra cosa, lei ha bisogno di sicurezza da te.

Ecco perché le donne hanno l'abitudine di mettere alla prova gli uomini, giorno dopo giorno. È una pratica subconscia che è costruita nella loro mente. Quando si tratta di guadagnare e mantenere la sua fiducia, a causa di questa esigenza di certezza, una donna continuerà a controllare un uomo durante tutta la sua vita per assicurarsi di poter contare su di lui nei momenti brutti e anche in quelli eccellenti.

Ora, dovete tenere a mente che questi test non sono veramente indicati per innescare qualsiasi tensione indesiderata o per portare dramma nella vostra vita. Sono impliciti per tenerti sulle spine e per "persuaderti" ad essere un maschio migliore o almeno ad essere un ragazzo, per la durata. Per una donna, metterti alla prova le rivelerà la differenza tra chi dichiari di essere e come sei fatto.

Controllarti le permette di accedere senza filtri alla vera natura del tuo carattere, mentre valuta i luoghi in cui ti manca la congruenza.

Inizialmente, potrebbe essere semplice per te andare avanti solo con una personalità affascinante. Sotto il controllo di una donna saggia, qualsiasi facciata che tu possa tentare di presentarle non reggerà nel tempo. Puoi essere affascinante e affascinante quanto vuoi, ma a lungo andare, il tuo vero carattere si rivelerà. Le donne più esperte hanno familiarità con questo, e continueranno a metterti alla prova finché il "vero", autentico te non si presenterà finalmente.

La sua esperienza con te

Ciò di cui una donna desidera essere sicura più di ogni altra cosa è la sua esperienza con te. Questo supera i suoi sensi fisici in quanto desidera sentirsi sicura con te nella mente, nel corpo e nell'anima. Quando il gioco si fa duro, vuole sapere come affronterai la sua natura psicologica, e vuole sapere se può contare su di te.

Quello che lei vuole veramente è una sensazione di sicurezza, sapendo che non importa cosa la vita le getti addosso, tu esisterai come fonte di forza e incoraggiamento. Desidera sentirsi sicura nella tua capacità di superare le tempeste della vita.

Il fattore di questo è perché una donna è naturalmente cablata per cercare potere e sicurezza da un maschio per resistere, poiché finire con un uomo debole, fluttuante o predatore può mettere in pericolo significativamente la sua presenza.

Questo è il motivo per cui una donna intelligente e di alta qualità non solo sarà estremamente attratta da un uomo con un carattere forte, ma finirà per essere estremamente comprata da un uomo che ha ambizione e grinta. Senza questa certezza, una donna non sarà portata da te, o se scopre che sei incapace di farla sentire sicura e protetta nel lungo periodo, non potrà rimanere attratta da te.

CAPITOLO DIECI

I segreti per essere una cattura irresistibile

Il trucco per acquisire e mantenere l'amore, l'ammirazione, la considerazione e il desiderio di una donna di qualità è quello di progredire continuamente in un uomo molto migliore. Come uomo intellettuale, non devi mai smettere di crescere. Non dovresti mai smettere di svilupparti consapevolmente. Come uomo, dovresti sempre cercare il livello successivo, un paradigma molto migliore e un perfetto più eccellente mentre vivi la tua vita.

Probabilmente potrei riassumere l'intero libro con questo unico concetto: Le donne vengono portate da uomini che illustrano le caratteristiche e le qualità della leadership. Una donna eccellente si attaccherà ad un uomo degno di fiducia e seguirà il suo percorso di leadership. Il suo amore, la sua considerazione e il suo desiderio per lui continueranno a crescere finché lui riuscirà ad affascinare la sua mente, il suo corpo e la sua anima rendendola una partner insostituibile nella sua grande avventura.

Una donna eccellente desidera un ragazzo che possa guidarla, uno che possa prendere le decisioni difficili. Desidera un uomo che possa guadagnare la sua fiducia in se stessa, e desidera che lui la prenda per quello che è e che la ami profondamente e romanticamente.

Per tenerla ipnotizzata, devi progredire. La tua dedizione al continuo sviluppo personale la ipnotizzerà e la stupirà continuamente. Il tuo desiderio di migliorarti da solo è un'attrazione per lei semplicemente perché le donne sono progettate per essere i nostri equivalenti indispensabili.

Cosa ci vuole per stabilire un personaggio completamente cresciuto che catturi una femmina eccellente per la vita?

Cosa serve per avere quella sensazione maschile di potere che viene solo quando un ragazzo si prende l'obbligo della sua vita e persegue il proprio corso?

Immergiamoci e scopriamolo, va bene?

- Prenditi la responsabilità della tua vita

Le persone non ti danno responsabilità quando sei un ragazzo. Anche se ti vengono "richieste", non avrai la capacità di svolgerle al meglio finché non te le "prendi" da solo.

I leader si prendono delle responsabilità, non aspettano che gli vengano offerte. L'assunzione di responsabilità è la prima e più cruciale da considerare nello sviluppo di un uomo se vuole liberarsi del ragazzino piagnucoloso che è in lui. Un ragazzo deve scoprire di evitare di incolpare individui e situazioni per i suoi risultati e deve invece assumersi la piena responsabilità di tutta la sua vita.

Imparate a prendere possesso delle scelte che avete fatto. Accettate la verità che siete dove siete nella vita a causa delle decisioni che avete preso, che il risultato del vostro domani sarà basato sulle scelte che fate oggi.

Se la tua personalità l'ha attratta, ma tu mantieni ancora l'atteggiamento da ragazzo che incolpa e fa la vittima, lei si troverà rapidamente a perdere il suo desiderio per te.

- Questa è una morte lenta e agonizzante.

Per prendere il dovere nella tua vita, molto prima di tutto accetta qualsiasi cosa sia così com'è. Non importa come sia la vostra vita, accettatela semplicemente come il risultato delle vostre scelte e iniziate a pianificare i modi per migliorarla. Questo vi porterà molta sicurezza e un senso di controllo molto migliore sui risultati futuri della vostra vita.

- Scopri la tua strada e non allontanarti mai da essa

Un uomo senza un corso chiaro nella vita sta semplicemente vagando per il mondo senza meta e senza direzione. Nessuna donna eccellente nella sua mente giusta desidera venire con lui per quel giro, almeno non per molto tempo.

Comprendere il vostro scopo e seguire il vostro percorso distinto nella vita vi fornirà un senso profondo di ciò che suggerisce essere dedicati a qualcosa di più grande di voi stessi. Vi darà una voce interiore e un'appartenenza che vi incoraggerà a fare modifiche favorevoli in tutto il mondo intorno a voi.

Diventerà la vostra fissazione, la vostra missione nella vita per realizzare questo scopo. Vivrai un'esperienza molto più felice e di successo non appena avrai trovato il tuo scopo e sceglierai di seguire la tua rotta, qualunque cosa accada.

Avere questo corso speciale ti renderà molto più efficace nel mondo e molto più attraente per la donna giusta che può assisterti nella realizzazione dei tuoi obiettivi di vita.

Finché fai della tua missione l'elemento essenziale della tua vita, non dovrai mai preoccuparti di perdere il desiderio della donna giusta semplicemente perché lei finirà per essere estremamente interessata e investita nel raggiungimento di ciò su cui hai messo il cuore.

E non appena sai qual è la tua funzione nella vita, scoprirai che è più facile avere la tranquillità quando le cose non vanno costantemente come avevi previsto.

Naturalmente, scoprire il vostro cammino può richiedere qualche accordo da parte vostra. Ci vorrà un po' di sforzo di auto-riflessione e un po' di esplorazione dell'anima. Credetemi, ne vale la pena a lungo termine.

- Smetti di consumare e diventa un produttore

No, questo non ha assolutamente nulla a che fare con i film, la musica, o finire per essere il prossimo Rick Rubin o Quincy Jones. Questo ha a che fare con il finire per essere un creatore, un imprenditore e un'azienda incredibilmente produttivi nella tua famiglia, nella tua comunità e nel tuo pezzo di mondo. Una delle cose chiave che separano l'uomo maturo leader dall'uomo medio è che uno è un produttore, e l'altro è un consumatore.

L'uomo medio riceve più di quanto offre al mondo in termini di valore, ma i leader forniscono più di quanto ricevono in termini di valore. Il produttore sarà sempre più grande del consumatore. Assolutamente nulla è più evidente nella vita di uomini fantastici che la realtà che erano uomini che hanno scoperto come sviluppare e offrire enormi quantità di valore nelle loro comunità. Hanno usato le loro risorse immaginative per costruire, essere pionieri, costruire e produrre cose nuove e importanti.

Se vuoi crescere e raggiungere le tue più grandi capacità su di te, sulla tua donna e sul tuo quartiere, dovresti finire per essere un produttore prolifico. Il percorso verso la gestione maschile ha bisogno che un ragazzo abbandoni i suoi metodi infantili di credere per stabilire una mentalità di immaginazione prolifica.

Attraverso la gestione efficiente del vostro tempo, denaro e risorse, potete migliorare i vostri livelli di efficienza e immaginazione per aggiungere al mondo più valore di quello che ne traete.

- Padroneggia le tue paure

Due paure principali possono ostacolare un uomo dal raggiungere il successo non solo nelle sue relazioni, tuttavia, in qualsiasi area della sua vita. Queste due cose sono la paura del fallimento e la preoccupazione delle critiche.

Un leader scopre di superare queste paure padroneggiando i suoi sentimenti. Capisce che il fallimento è semplicemente un passo nel percorso verso il raggiungimento, e che le critiche sono semplicemente un segno che è vivo e che sta facendo qualcosa di gratificante e produttivo con la sua vita.

Non si può prosperare in alcun modo se non si può fallire in avanti. E se non scoprite come gestire le critiche, allora non sarete in grado di fare nulla che conti per qualcuno.

Per dominare le vostre preoccupazioni, dovete dominare i vostri sentimenti. Potete farlo cambiando il vostro concetto sul fallimento stesso.

- Il fallimento è raramente irreversibile.

Invece, vedilo come un trampolino di lancio e una lezione scoperta. Vedilo come qualcosa che DEVI attraversare per raggiungere il successo.

Quando si tratta di critiche, se sono positive, vedetele semplicemente come un metodo per migliorare quello che state facendo. Se sei troppo attaccato a quello che stai facendo, le critiche sfavorevoli possono solo danneggiarti.

Invece, scoprite di amare la procedura di diventare invece di essere concentrati esclusivamente sul risultato. Se riesci a fare questo, non avrai quasi mai bisogno di preoccuparti delle critiche degli altri.

Un leader non ha bisogno dell'approvazione degli altri, che consiste nelle donne. Tuttavia, se ha una relazione sana con la donna migliore, cercherà il suo consiglio quando il momento lo richiede. Tuttavia, per il resto, è soprattutto approvato da se stesso, e questo si manifesta nella chiarezza del suo pensiero e nei potenti risultati delle sue decisioni.

Padroneggiare le tue paure finirà per essere più comodo mentre finisci per essere un uomo molto migliore. Man mano che crescerai in una completa comprensione di chi sei e di cosa sei capace, avrai una maggiore comodità nell'affrontare le tante incognite della tua vita.

Come ragazzo, devi sempre cercare il livello successivo, un paradigma molto migliore e un ideale più grande mentre vivi la tua vita.

Una buona donna sceglierà di seguire e fidarsi di un uomo che sta consapevolmente seguendo il corso della leadership. Un uomo deve scoprire di evitare di incolpare le persone e le circostanze per i suoi risultati e dovrebbe piuttosto assumersi l'obbligo completo per tutta la sua vita.

Chiedete a diversi uomini che conoscete qual è il loro percorso nella vita, e la maggior parte di loro molto probabilmente non può darvi una risposta concisa e chiara. Un uomo senza un percorso chiaro nella vita sta solo vagando per il mondo senza meta e senza istruzioni.

- Coltivare il coraggio maschile

Non posso fornirvi una guida migliore di questa per raggiungere il successo nella vostra relazione con la vostra donna e in altre aree della vostra vita:

Sfidate voi stessi di proposito e regolarmente ogni giorno della vostra vita. Questo costruirà il particolare più importante che si trova in TUTTI i leader eccellenti e le persone di grande successo della società. Svilupperà il tuo coraggio.

Probabilmente ne abbiamo già parlato un sacco di volte; tuttavia, non si può dire abbastanza. Il coraggio di un ragazzo di fare ciò che è giusto, di seguire il suo corso nella vita, di difendere ciò in cui crede e di essere la migliore variazione di se stesso è la sua qualità più preferibile e attraente per una donna.

Il coraggio può essere coltivato solo facendolo di proposito. Il coraggio è qualcosa che si "FA", non è qualcosa in cui si crede. È un'azione che fai. Un ragazzo può sviluppare sistemi di coraggio facendo le cose essenziali che è tipicamente avverso a fare.

Penso che la fiducia in se stessi sia semplicemente il modo in cui comunichiamo agli altri il nostro livello di coraggio. È impossibile avere l'uno senza l'altro. Il coraggio intellettuale e fisico è incredibilmente importante; è il coraggio etico che è particolarmente importante per una donna.

Il coraggio etico vi darà la forza e la capacità di esercitare tutte le altre virtù. Vi aiuterà a prendere la decisione migliore indipendentemente da ciò che gli altri possono pensare di voi.

Questo è tra gli elementi più necessari che separano l'uomo tipico dall'uomo che guida gli altri.

Il ragazzo con una quantità incredibile di coraggio non ha paura di dire ciò che deve essere detto e di fare ciò che deve essere fatto. E qualsiasi donna sarebbe più che pronta a mettere la sua fiducia e a fare affidamento su un tale ragazzo.

- Accetta te stesso ora

È fantastico come sto per coprire tutto con quest'ultimo pezzo di suggerimenti visualizzando come se la tua missione fosse quella di diventare un maschio migliore per la donna che è giusta per te. Può sembrare incoerente, ma credimi, non lo è.

Devi scoprire come accettarti per quello che sei e per dove rimani nella vita a partire da oggi. Anche se la tua missione di uomo maturo è quella di svilupparti e raggiungere continuamente la tua massima capacità, se non riesci ad accettarti e a scoprire l'appagamento nella tua attuale fase di sviluppo, non sarai affidabile nel diventare la migliore versione di te stesso.

Tutti i cambiamenti iniziano con l'auto-accettazione. Dovresti scoprire di riconoscere il tuo valore attuale nello stato attuale in cui ti trovi, perché se non lo fai, ti preverrai continuamente ogni volta che deluderai i tuoi obiettivi di sviluppo e la tua visione individuale.

Perdona te stesso magnanimamente ogni singolo giorno. Concediti una pausa per l'amor di Dio e rifiuta di rimproverarti per qualsiasi fattore.

Smettila di stressarti per quello che fanno gli altri uomini e rimani concentrato su quello che è giusto per te nella tua fase di sviluppo e avanzamento. Diventa un maestro nell'auto-accettazione essendo grato per quello che hai.

Padroneggia l'arte di rivelare la gratitudine nella tua vita quotidiana e la tua vita cambierà drasticamente.

Ecco un suggerimento che ti cambia la vita: se non prendi nient'altro da questo libro (cosa di cui dubito), e questa è l'unica cosa che scoprirai, ti delizierai con relazioni migliori in ogni area della tua vita:

Coltiva la pratica di essere grato per la tua vita così com'è oggi, e come vorresti che fosse in futuro. Fai in modo che diventi un'abitudine vedere il lato favorevole delle cose, e sviluppa una personalità positiva verso la vita. Programma la tua gratitudine nel modo in cui vivi la tua vita e ASPETTATI che ti vengano delle buone idee.

E sì, è possibile trasformarsi in un ragazzo più positivo e capace pur essendo soddisfatto di quello che sei adesso. Concentrati solo sui tuoi punti di forza e sulle cose importanti che ti piacciono di te stesso.

Tutto ciò che serve è una determinazione a perseguire sempre il meglio, in equilibrio con la decisione di perdonarsi rapidamente quando si fallisce.

Una grande femmina non desidera un uomo ideale di per sé; vuole semplicemente un ragazzo che sia ideale per lei. La semplice verità che ti sei dedicato a lei e un percorso di costante sviluppo personale è tutto ciò di cui ha bisogno per apprezzare, considerare e rimanere innamorata di te per tutto il tempo che vuoi.

- Cercare continuamente la saggezza

Vorrei terminare il nostro discorso con un ultimo consiglio:

Non abbiate paura di ottenere un'ottima guida che possa aiutarvi a migliorare voi stessi e le vostre relazioni.

Ora, se avete letto questo libro, allora senza dubbio non avete questo problema, ma questo è solo un suggerimento. Troppo spesso, decidiamo di seguire un determinato percorso pensando di aver scoperto tutto o di "seguire la corrente".

Anche se andare con il flusso può essere piacevole, non c'è niente di più incoraggiante che conoscere il proprio lato come guida. È meglio essere preparati in qualsiasi situazione, non importa quanto pensi di sapere già.

Le buone idee hanno cominciato a cambiare nella mia vita amorosa quando ho iniziato a cercare una guida eccellente e ad usarla. Alcune erano gratuite, altre le ho pagate, ma alla fine ne è valsa la pena.

Come uomini, possiamo essere un po' testardi e orgogliosi, specialmente quando si tratta di occuparsi di questa parte della nostra vita. Tuttavia, quando un uomo decide di armarsi di un po' (o molto) di conoscenza, un intero nuovo mondo di possibilità comincia ad aprirsi per lui.

Quando si tratta della sua relazione con la sua donna perfetta, più si educa, più finisce per essere migliore per lei.

Quindi ricordati di continuare a conoscere e di continuare il tuo percorso di avanzamento verso lo sviluppo come uomo. Renderà la tua vita romantica molto più ricca e soddisfacente a lungo termine. Fai questo, e la donna migliore ti vedrà come una presa allettante, il tipo di maschio che lei 'd piuttosto non vivere la sua vita senza.

CONCLUSIONE

Prima che tu vada, vorrei dire "grazie" per aver preso il mio libro. Capisco che avresti potuto scegliere tra dozzine di libri sulla comprensione delle donne; tuttavia, hai scommesso sulla mia guida, e per questo ti sono eccezionalmente grato. Grazie ancora per aver controllato tutto il metodo fino alla fine.

Un uomo può costruire i sistemi del suo coraggio facendo le cose che generalmente è contrario a fare. Il coraggio fisico e intellettuale sono essenziali; è il coraggio etico che è particolarmente importante per una donna. Questo è uno degli aspetti più vitali che separano il maschio tipico dal maschio che guida gli altri.

Ricordati di continuare a conoscere e di continuare il tuo percorso di avanzamento verso la maturazione come maschio. Fai questo, la donna perfetta ti vedrà come una preda irresistibile, il tipo di maschio che lei 'd piuttosto non vivere la sua vita senza.

9 781803 623313